Catcher

一如《麥田捕手》的主角，
我們站在危險的崖邊，
抓住每一個跑向懸崖的孩子。
Catcher，是對孩子的一生守護。

你被孩子3C勒索嗎？

王意中心理師

【自序】

行駛在3C網路上，請保持安全車距

關於上癮的頓悟

我要先懺悔。

那一天早晨，我撞了頭——在從西區停車場一走進台北車站的長廊裡。沒錯，我就那樣不知不覺地，往前方的柱子重重地撞了上去。眼鏡滑落鼻梁，右側的額頭上也因此留下了一道痕跡。當時，砰的一聲很響亮，讓坐在一旁椅子上的路人，眼神紛紛轉到我身上來。

說真的，頓時我既尷尬又難堪，真想挖個地洞鑽進去，但還是得很優雅地扶上有些歪斜的鏡框，摸摸略微紅腫的傷口，把肇禍的手機收起來。我低著

你被孩子3C勒索嗎？

頭，快步地往高鐵入口而去，好準時搭乘南下列車繼續前往演講的目的地。

當下，我終於知道什麼叫走路不長眼睛，一切只因低頭瞧著手機裡，關注的作家塗鴉牆訊息。哈！不能怪人家文字太多，害自己讀得太投入，也不能抱怨前方的柱子用板子圍起來，警示太突出，又沒有人叫我邊走路，邊看FB。

什麼叫活該？什麼叫出糗？別以為網路上、新聞裡的鳥事不會發生在自己身上。

要說我運氣好，還好當時一大早，車站人潮還很少，否則當下笑聲一定停不了。那影像，的確可以登上《歡笑一籮筐》的節目。

撞了柱，讓我頓悟，開始思考自己在使用手機、閱讀FB上，是否太沉迷？

當然，你的頓悟，不需要撞柱。

孩子只是跟著你有樣學樣

3C產品與網路，我們都在使用。無論是在生活上、工作上、娛樂上、溝通上，或者消耗時間上，我們的身影都不知不覺地在暗示著孩子——3C產品和網路好好玩，很好用。大人愛３Ｃ、頻上網，孩子有樣學樣，也比照辦理。只是當孩子愈愛，大人心裡卻愈覺得怪。

但是，誰教我們不斷地示範、放大並強化，３Ｃ產品與網路在我們生活和工作中的重要性、黏性、依賴性及無所不在？我們展現出對於３Ｃ與網路的渴望，同時，也讓孩子感染了對於３Ｃ與網路的無限想像。

現代父母面對３Ｃ產品與網路有個弔詭的地方，大人總是把３Ｃ、網路視為親密愛人，卻認為這些對孩子來說是恐怖分子、魔鬼的化身。

大人使勁地用、拚命地用，不斷追求「智慧」與Apps、訊息的時時更新，卻衷心希望孩子「斬斷情絲」，不要碰面。不同規格，兩套標準，對孩子來說，沒有說服力。

親子關係的碰撞

３Ｃ這個用語，由台灣所獨創並使用，是指包括電腦（Computer）、通訊（Communication）、消費性電子產品（Consumer Electronics）等用品的簡稱，

你被孩子3C勒索嗎？

例如平板電腦、筆記型電腦、桌上型電腦及周邊商品，手機、電話等通訊設備，以及電視、音響、DVD播放器等消費性電子產品。

透過3C產品與網路為媒介，讓我們對於這個世界的知識多了更快速的了解，同時，充分滿足了休閒娛樂、生活便利性，以及人與人的互動需求。當然，還有更多意想不到的無限可能。

可以想見，如此迷人、誘惑又深具魅力的貼心媒介，特別是手機、平板、電腦、網路等，對於孩子的身心發展及親子關係的互動，將帶來一場又一場淺層與深層的震動。若當板塊碰撞，往好的方向發展，這屬於自然的正常能量釋放。但就怕在接觸3C產品與使用網路上，因為孩子易感的身心特質、父母疏於注意或自身的不良示範，而對於兒童、青少年的成長造成大規模的負面影響。

成癮率年年攀升

凡事過與不及，都不是好事。

根據教育部資訊及科技教育司於二〇一五年九月十七日公布的「學生網路

使用情形調查與分析計畫」顯示，在線上遊戲和智慧型手機沉迷與成癮盛行率方面，高中職生的線上遊戲成癮重風險比率：一〇三年為百分之九．七，一〇四年為百分之十一．五。智慧型手機成癮重風險比率：一〇三年為百分之十五．四，一〇四年為百分之十八。這兩項均有上升的趨勢。

同時，在網路沉迷／網路成癮高風險群盛行率方面，分別是：一〇四年，國小百分之三．八／百分之二．六（一〇三年為百分之六．五／百分之三．五），國中百分之六．一／百分之四．九（一〇三年為百分之八．八／百分之六．九），高中職百分之六．五／百分之五．六（一〇三年為百分之九．六／百分之六．七）。

數字本身是一種符號，端看你如何解讀這些數字的關係。

網路成癮，我們都有可能深陷其中

說成癮，太沉重?!沒有人喜歡被貼上標籤，父母也很怕這個標籤會找上孩子。

你被孩子3C勒索嗎？

網路成癮，在診斷與界定上，仍存在著許多的爭議性。目前在《精神疾病診斷與統計手冊》第五版（Diagnostic and Statistical Manual of Mental Disorders, Fifth Edition, DSM-5）中，還不是一個正式的診斷名稱。然而，在臨床實務上，已經有許多家長因為孩子沉迷、成癮於手機、電腦、網路、線上遊戲等，造成生活上、學習上、人際上、行為上、情緒上、身心發展上，極大的困擾與劇烈妨礙，彼此苦不堪言，而進一步尋求諮商與治療。

這件事，你絕不能等閒視之。

因為，我們與孩子都有可能深陷其中，而不自知。

當然，你的孩子不一定會陷入網路沉迷、成癮的黑洞中，但是若我們試著先了解關於網路成癮的一些現象，將有助於去察覺孩子對於３Ｃ產品及網路使用行為的適當性，必要時可以適時給予協助，讓孩子不至於往黑洞的方向前去。

不可能遠離，但要有堅持

這不是一場ON／OFF的零和遊戲。３Ｃ產品與網路就存在於生活之中，孩子不可能遠離，而且也沒必要遠離。遮掩，視而不見，把３Ｃ產品隱藏起來，把網路斷了線，說實在的，一點必要也沒有。

３Ｃ產品與網路不是瘟神，請別把它們汙名化。

３Ｃ產品與網路本身沒有好壞。

但是關於孩子接觸３Ｃ產品與網路，我有自己的一套堅持：

●使用前與使用後，孩子的態度要一致。

●使用前與使用後，孩子的情緒要一致。

●使用前與使用後，孩子的作息要一致。

●使用前與使用後，孩子的學業表現要一致。

●使用前與使用後，對於周遭事物的關注要一致。

如果使用之後，卻變了，那很抱歉，我會認為至少就現在來說，３Ｃ產品與網路對孩子是「不好的東西」，孩子還沒有本錢使用它們。

孩子是否有本事使用３Ｃ產品和網路，有一項重要判斷，就是觀察孩子對於３Ｃ產品和網路的吸引力，是否能夠「不沾黏」：下好離手，切換自如，心情不留戀，同時在停止使用之後，能夠繼續進行當下該做的事。

我們都在學習與３Ｃ產品和網路發展正常的關係。

如何讓孩子與３Ｃ產品和網路保持「安全車距」，是現代父母必須要正視的一道課題，而這也是我寫這一本書的主要用意。

從學齡前就要重視

在這本書中，我將和各位分享孩子和父母在面對３Ｃ產品與網路時，發生的三十個切身故事，並針對學齡前幼兒、國小、國中、高中青春期等階段，關於３Ｃ產品和網路的接觸、使用、沉迷及成癮，在親子關係發展中可能出現的狀況，一一揭露破解的祕訣。內容涵蓋：①保持適當的接觸頻率；②堅持合理的使用規範；③了解沉迷的關鍵因素；④擺脫成癮的痛苦困境；⑤破解成癮的共伴效應。讓孩子有能力維持與３Ｃ產品和網路之間的獨立關係，減少對３Ｃ產品的依賴、沉迷與成癮，並且使生活與學習回歸規律的節奏。同時，也能善用科技所帶來的方便與美好。

感謝寶瓶文化朱亞君社長兼總編輯長期的支持，讓我有機會持續將自己多年來在早期療育、兒童青少年心理諮商與治療、父母親職教養與校園心理諮詢等臨床實務，以及自己的實際生活體驗，透過文字和身為讀者的你共同分享。

謹將此書獻給在蘭陽平原上，我親愛的老媽、老婆與姵涵、翔立、涵立三好米寶貝。

你被孩子3C勒索嗎？

目錄

遠離網路成癮第2部
堅持合理的使用規範

遠離網路成癮第3部
了解沉迷的關鍵因素

第4部 遠離網路成癮

擺脫成癮的痛苦困境

目錄

遠離網路成癮第5部
破解成癮的共伴效應

教養好幫手

3C不上癮的128個祕訣指南

【保持適當的接觸頻率】

問題一【速成的3C保母代價太高】你真要放棄教養權？

祕訣001 誰說西線無戰事？

祕訣002 別輕易放棄你的教養權

祕訣003 別迷失在「智慧」的光環裡

問題二【小孩吵，別只靠3C轉移注意力】這是管教？還是逃避？

祕訣004 3C淺嚐即止

祕訣005 圖個耳根清靜的代價太高

祕訣006 讓情緒轉移沒有副作用

問題三【跳脫全有或全無的思考】該不該讓幼兒接觸3C？

祕訣007 別讓3C變成貼身玩具

祕訣008 找回3C的替代方式

祕訣009 謝絕孩子獨自使用

祕訣010 留意情緒反應的強度

問題四【分辨想要與需要】孩子吵著要玩手機怎麼辦？

祕訣011 愈急愈不給，愈問愈不給

祕訣012 給孩子善意的回饋

祕訣013 免費點數surprise空降

祕訣014 孩子要具體地說服你

祕訣015 剖析自己的需求

問題五【一種生活模式的選擇】家裡該不該有電視？

【擺脫成癮的痛苦困境】

【破解成癮的共伴效應】

遠離網路成癮第1部

保持適當的接觸頻率

問題一

你真要放棄教養權？

【速成的3C保母代價太高】

我時常跟家長們分享一件事：有了孩子之後，你會發現自己的時間被切得很、瑣、碎。不只上班族父母，連家庭主婦與主夫也一樣。如果你期待想要擁有自己的完整時間，那簡直是癡人說夢。

你的時間被壓縮了，當然，耐性也相對變得有限。工作、家事與煩惱，總是占滿了你的心思、時間與有限的記憶體。這時，如果把孩子這項「變數」再加進來，特別是有些家庭裡，孩子不止一個，假如有兩個、三個，那種「熱炒」的畫面，往往令第一線的爸媽不敢再往下想。

與孩子的面對面交鋒和過招，往往讓做父母的心力交瘁。經濟寬裕一點的、有娘家或公婆的，或者雙薪而逼不得已的，乾脆就轉由第二線的專業保母或長輩來接手。然而，就算孩子二十四小時都委由保母照顧，也終究會回到我們的眼前。教養這項「最甜蜜的負荷」，該來的還是躲不掉。

即使是最心愛的寶貝，若鬧得實在太厲害，做爸媽的也難免會嫌吵，尤其是面對年幼的小蘿蔔頭時，新手父母更是容易六神無主。「別來煩我！」相信許多爸媽的心裡都有過這樣的ＯＳ。當然，壓抑不了而忍不住對孩子大喊、咆哮的，也大有人在。

只是，在親子交手的當下選擇發飆，有時孩子看似被你壓制住了，但往往不消多久，他馬上又繼續狂哭大鬧，歇斯底里地失控。如此的惡性循環，最後只換來親子關係的兩敗俱傷。

幸好，你發現幸運之神是眷顧著你的，甚至就掌握在你的手中。

沒錯，就是３Ｃ。

你每天愛不釋手的３Ｃ，竟然有如此的魔力！或者應該說３Ｃ真的是太貼心，太了解你了。原來，平板、手機對於安撫吵鬧的小小孩竟然這麼有效．可以

你被孩子3C勒索嗎？

讓他瞬時安靜下來。這一點，你很樂意做見證。

３Ｃ，原來也可以發揮保母的作用?!我想這在許多家庭裡，或許已行之有年，甚至讓爸媽樂此不疲。

我們很容易沉醉在孩子不吵鬧的安逸環境中，感到輕鬆不已，於是把這一切都歸功於３Ｃ。

兩相比較一下，每個月的保母費（還不包括來回接送的交通費、年節的送禮、日常生活用品等開銷），與買一台平板電腦的花費（現在的售價愈來愈便宜了），和那幾支汰換掉的舊手機——如果神奇的平板、手機能夠發揮神效，讓孩子安、靜、下、來，保母和３Ｃ，哪個較划算？

不需思考，你的選擇當然非３Ｃ莫屬。

然而，真的是這樣嗎？

你以為「３Ｃ保母」物美價廉，ＣＰ值高，然而一旦「僱請」之後，才發現要付出的代價可不小。小心！孩子對３Ｃ沉迷的後果在等著你。

保持適當接觸3C與網路的祕訣指南

祕訣001　誰說西線無戰事？
祕訣002　別輕易放棄你的教養權
祕訣003　別迷失在「智慧」的光環裡

祕訣001

誰說西線無戰事？

3C有如親子關係的潤滑劑？手機、平板、電腦是親子間的最佳調人？對於這樣的迷思，你可能深信不疑，至少初步的印象，的確是如此。

當你望著孩子聚精會神地盯著手中的螢幕，手指不斷地點按、滑動，嘴角不時流露出喜悅滿足的笑容，那副陶醉的迷人模樣讓你忍不住偷笑。眼前的孩子好

你被孩子
3C勒索嗎？

專心、好投入、好開心，更重要的是他只顧著玩，不會吵到你。你心想：３Ｃ產品還真好用，科技不只為生活帶來便利，同時也像個親職好幫手，為爸媽分憂解勞，像居家保母般陪伴著孩子。

可是，你真以為「西線無戰事」？

錯了！其實是我們正在粉飾太平。

或許你會覺得３Ｃ讓爸媽和孩子少了衝突，沒讓父母變臉成打手、開罵手，這不是很好嗎？更何況，大家做自己想做的事，忙該忙的事，玩想玩的事，各取所需，也是一種不錯的選擇。雖然沒交集，倒也相安無事，哪有閒工夫起衝突？

然而，就是這份「相安無事」，有時會像嗎啡一樣，讓人忘了３Ｃ的沒節制使用，將對年幼孩子帶來無止境的負面影響。只不過，現在孩子還小，你自然不會想到這些，因為不管大人或小孩都還沉醉在３Ｃ的虛幻美夢裡。

３Ｃ就像蜜糖一樣，讓孩子愛不釋手，也讓爸媽頻頻放手——不管。

祕訣 002

別輕易放棄你的教養權

3C產品無所不在，吸睛魅力無法擋，讓小小孩長時間流連忘返，甚至幾乎忘了爸媽的存在。但是，若你不斷拿3C「餵養」小小孩，將使得他除了吃、喝、拉、撒、睡等生理需求會找你之外，看到你，想到你，就是一台平板、一支手機。

你對孩子的意義，就只是一個「3C供應站」。

另一方面，孩子讓3C陪伴久了，有一天你會驚覺，自己竟然不知道可以和孩子做什麼、聊什麼、說什麼和玩什麼。雖然你感到有些淡淡的失落，但轉念又想：「還好有3C在，難得享受沒有孩子打擾的時刻，這不是挺好的？」

真是如此嗎？要知道，當3C成了孩子的貼身玩伴、虛擬保母，取代了爸媽實際的陪伴，將很容易阻擋親子之間親密關係的靠近。雖然3C螢幕多了亮度，長期使用機身多了熱度，孩子卻少了爸媽擁抱的溫度。3C讓孩子的手感敏銳，卻容易讓親子關係疏離，彼此無感。

小心！別讓你的孩子寧可抱著iPad勝過棉被，進入夢鄉。

的確，3C不壞，孩子喜愛，但是「爸媽」的角色絕對不能被取代。3C保母要適可而止。

爸爸媽媽們，請別輕易放棄你的教養權。

你被孩子3C勒索嗎？

祕訣003

別迷失在「智慧」的光環裡

當然，你可能也有話要說：「現在不是有許多數位學習軟體，很適合幼兒的發展與學習嗎？」

一冠上「科技」、「數位」這些字眼，許多父母便覺得自己的孩子已走在發展的前端。甚至於對孩子使用手機、平板的快速上手，沾沾自喜。畢竟，孩子手上握的是有「智慧」的，以此類推，眼前的小小孩，未來也將是屬於「智慧型」的。更何況，孩子使用3C的專注模樣，是多麼令人著迷，還附帶不吵不鬧。

但是，別被眼前的美好所蒙蔽了。孩子看似專注的模樣，其實只是個假象。

許多小小孩容易被3C散發的聲光效果所吸引。請特別注意，是這些聲光刺激像條粗繩子般，用力地把孩子的注意力牽制住。這是一個幻影，孩子當下是被動的，而不是主動性地專注在事物上。

你可以進行一項簡單的測試，觀察看看：玩扮家家酒、拼圖、積木、火車軌道、丟接球、彈奏音樂小鋼琴等遊戲，家中的幼兒現在還可以玩多久？聽你讀繪本、說故事、聽音樂時，孩子現在的專注力持續性又如何？

有時，最怕的就是小小孩嚐過３Ｃ重口味之後，對於其他的事物就感到索然無味了。別說專注力，就怕讓孩子年紀小小，卻對於接觸其他事物，失去了好奇心、興趣和動力。

３Ｃ縱然有無限好，但是小小孩還是少碰為妙。

你被孩子3C勒索嗎？

問題二

這是管教？還是逃避？

【小孩吵，別只靠3C轉移注意力】

「丹丹，安靜一下，爸爸在寫東西，你不要去吵他。」

兩歲半的丹丹不顧媽媽輕柔的提醒，仍然晃到爸爸的電腦桌前。爸爸轉了個身，搖著頭，比了個「噓」的手勢，同時眉頭深鎖著暗示一旁的妻子，要她趕緊把眼前這個小搗蛋鬼帶離現場。

「爸爸，我要玩！爸爸，我要玩！」

丹丹不管三七二十一，整個人的身體硬是要擠進爸爸微凸的肚子與電腦桌之間的狹小空間。

「丹丹，你別鬧了，快離開。」媽媽走過來想要拉走丹丹，因為丈夫已經多次提醒過她：「拜託，幫個忙，把孩子顧好，別讓他煩我！」

丹丹放聲大哭：「我要玩！我要玩！」

爸爸的耐性原本就不好，再加上時時被催促的文案一直出不來，焦躁之下，他按捺不住火氣地對妻子嚷著：「把孩子帶走，拿iPad給他玩！拜託拜託，我需要安靜。再哭下去，我的靈感都被他哭跑了！」

說真的，媽媽有些莫可奈何，她實在不想要每次都用iPad來擺平丹丹的哭鬧，可是在丈夫的抱怨和催促之下，一時之間實在找不到好的轉移方式，讓眼前的孩子安靜下來。

這回，丹丹又得逞了。他的嘴角隨著iPad的開啟而上揚，但媽媽的心卻糾結著。

孩子很吵，孩子愛鬧，特別是兩、三歲的孩子，總是令新手爸媽受不了。你沒看老外也常苦惱嚷著："Terrible two, horrible three."可怕的兩歲、恐怖的三歲，讓爸媽在教養上走入黑暗期。

孩子吵鬧，非常自然，而父母頭痛，當然也理所當然。

你被孩子3C勒索嗎？

面對眼前吵鬧不休的幼兒，許多爸媽在絞盡了腦汁仍然手足無措的情況下，哪還有什麼閒情逸致和美國時間去想：在網路上哪篇文章有提到、或哪一本書裡有寫到——如何有效「處理」眼前孩子的吵鬧？

可是當你靈光一閃，順手把手機、平板遞給孩子，很神奇地，就像開關被關上了似的，孩子不吵了。

孩子安靜了。天啊！手機、平板讓孩子安、靜、了，而你就是最佳見證。你不禁心想：這種神速的效果，哪是所謂的親子教養專家所能比擬的！更重要的是，孩子可以安、靜、很、久。

手機、平板像個定心丸，讓你鬆了一口氣。

這時，你還不會懷疑用3C來處理小小孩的情緒，會產生什麼問題。更何況，3C可以有效安撫孩子，何樂而不為呢？

孩子吵鬧，為什麼不能給3C？

保持適當接觸３Ｃ與網路的祕訣指南

祕訣００４ ３Ｃ淺嚐即止
祕訣００５ 圖個耳根清靜的代價太高
祕訣００６ 讓情緒轉移沒有副作用

祕訣
004

３Ｃ淺嚐即止

如果偶爾使用３Ｃ作為幼兒情緒的轉移，這倒不失為一個可以考量的方式，但是「點到為止」會是比較保險的做法。對於幼兒來說，手機、平板等３Ｃ產品像是添加了人工色素、人工香料和防腐劑，多吃有礙身心健康。

讓我們仔細想想可能發生的狀況：

你被孩子3C勒索嗎？

當孩子吵鬧的時候，你遞出手機、平板讓他安靜了下來——到這裡還沒有什麼問題，孩子的注意力被轉移了。

但是當你食髓知味，一次又一次在孩子吵鬧時馬上給予3C安撫，這時，情勢開始被翻轉了。

現在變成是孩子開始吵著跟你要手機、平板。你不給，他就繼續吵。反正，孩子哭鬧的本錢多得不得了。我常常提醒父母一件事：孩子熟悉我們，勝過於我們熟悉他。你會發現，他一定會在你最忙、最分身乏術時，吵著跟你要。一直吵，一直要，直到你妥協繳械為止。

這時，原本具情緒安撫功能的3C，竟化身為孩子吵鬧、情緒波動的源頭。

「我要玩，我要玩，我要玩手機！」兩、三歲的孩子自我意識很強，想幹嘛就是要幹嘛。孩子在表達自己的需求上，態度是很強烈的，簡單來說，「我要就是要！」你不給，他就像迴圈一樣，一直重複再重複，一直重複再重複，像魔音傳腦般，讓你招架不住，忍受不了。

受不了孩子的吵鬧時，你便會不斷地妥協，再妥協，3C，這時就被孩子占領了。

或者正確地說，是孩子的「心思」被3C占領了。

秘訣005

圖個耳根清靜的代價太高

親子教養最怕的情況之一，就是父母只求圖個耳根清靜。許多時候，爸媽很怕孩子在一旁吵，特別是當自己忙了一整天的工作，或做了一整天的家事之後，多少希望能夠擁有自己的清靜時刻。

然而，對於家中有兩、三歲幼兒的家庭來說，圖個清靜卻成了一種奢求。許多時間就這樣被孩子一下子要這個、一下子要那個地磨掉了。如果再加上家中兄弟姊妹吵成一團，更容易在你心裡激起不耐。

但是，神奇的3C降臨了，像施了魔法般讓孩子變得安安靜靜，甚至當你去吵他、打斷他時，他可能還給你使個白眼，要你也安靜。在3C的加持之下，難得換來了一陣清靜。

這種生意對於父母來說，乍看之下是穩賺不賠，孩子樂在其中，爸媽圖個清

你被孩子
3C勒索嗎？

靜，宛如一場雙贏的賽局。

一開始，爸媽們大概都不覺得有什麼不妥，甚至於見獵心喜地認為孩子能夠提早接觸科技產品，開開眼界，使用智慧型手機、平板，對於未來的競爭，也是一種好事。

圖個清靜，就這樣使你們的親子關係一路安安靜靜，因為孩子就在一旁目不轉睛地繼續他們的３Ｃ奇幻漂流。

但是在安靜的背後，有些麻煩的事正悄悄地發生。孩子沉溺於螢幕裡的聲光畫面，大人們也繼續圖個清靜，然而，當你要暫停他的３Ｃ奇幻漂流時，真正的衝突就一觸即發了。你想要取走孩子眼前的３Ｃ，就像要他們繳械、放下武器，談何容易？他一定會奮力掙扎！一場３Ｃ爭奪戰，就在親子之間激烈展開，而這一局，你還不一定能夠取得勝場。

只求圖個清靜，卻讓你付出了巨大的代價！而且，後續影響的「循環利息」還沒跟你算呢！

你被孩子3C勒索嗎？

祕訣006

讓情緒轉移沒有副作用

3C的確是轉移幼兒的情緒與注意力的方式之一，但請提醒自己，「絕對不應該是唯一方法」，甚至別太常使用。你問：「那孩子吵鬧時，我該怎麼辦？」請仔細回想過往的經驗裡，在什麼情況下，孩子的情緒比較容易被安撫下來？拿起筆，想一想，一一條列下來。這麼做，會讓我們更加了解眼前的孩子。

轉移情緒，因人而異。你可以朝五感的方向來思考：視覺、聽覺、觸覺、嗅覺、味覺。例如：

- 視覺：讓孩子看窗外的雨，欣賞水族箱裡優游的魚，翻翻色彩豐富的繪本。
- 聽覺：聆聽輕盈、美妙、安撫人心的音樂。
- 觸覺：擁抱你的小孩，輕撫他的臉龐、肩膀、手臂。
- 嗅覺：讓孩子嗅聞迷人的水果、花香的味道。
- 味覺：品嘗點心、喝杯牛奶，嚐嚐新鮮的滋味。

可以繼續動腦想想：有親愛的喵星人、汪星人陪伴，還有你和孩子一起玩。與3C相比，以上的轉移方法相對地沒有副作用。

問題三

【跳脫全有或全無的思考】該不該讓幼兒接觸３Ｃ？

要讓三歲前的孩子不碰觸任何３Ｃ，這在現實生活中其實很難。想要讓３Ｃ像恐龍般真正在幼兒眼前銷聲匿跡，還真的不容易。除非，你不在孩子面前「晃」手機，引誘孩子的目光注意。

但這真的做得到嗎？

我們總是拿起手機，對著孩子說：「來，看這邊、看這邊！好，笑一個。」在他眼前拍照、錄影，孩子也會好奇地盯著你手上的玩意——除非你選擇偷拍、只拍背影，不然就是抓準時間差，等他閉上眼睛時拿起手機快拍。

在孩子面前要銷聲匿「機」，談何容易？

你被孩子3C勒索嗎？

天馬行空地想一下，在寶寶滿週歲時，我們會讓他「抓週」，藉以預卜他未來的前途與發展。例如基於六六大順，會在寶寶面前擺出六的倍數的抓週物品，像是：印章、耳溫槍、信用卡、球、口紅、鈔票、原子筆、書、麥香雞、笛子、積木，再外加一支手機，湊齊十二樣。

眼前這個週歲寶寶到底會抓哪個東西，我們只能用猜的，但至少可以確定一件事：在抓週的儀式裡，周圍深切企盼的親朋好友與家人們，每個人應該都拿著手機，開啟照相或錄影模式，專注盯著眼前的寶貝，以捕捉那精采一瞬間。

當大人們使用最智慧型的手機捕捉孩子那一刻的關鍵畫面時，非常自然地，寶寶也正瞪大他骨碌碌轉的眼睛，盯著大人手上的「玩具」。

大人愛玩手機，小孩跟著追隨，是理所當然的事。

當孩子發展到兩歲、三歲，發現你在用手機時，會很自然地撲向前來賴在你身上，瞧瞧你到底在玩什麼，不然你怎麼會如此專心，甚至忘了他的存在？孩子躺在你微凸的肚子上，一大一小盯著手機螢幕看，這一幅親子畫面還挺溫馨的。

但是沒多久，你發現孩子細嫩的小手主動向前，像是掌握方向盤般從你手中取走手機。許多爸媽會微笑著順勢讓孩子來場行動體驗，感受科技帶來的樂趣。

到底該不該讓孩子接觸3C？或孩子應該從幾歲開始接觸3C？在考慮這些以前，我們不如先思考是什麼樣的想法，讓我們把手機、平板推到幼兒的眼前去？三歲前的幼兒有3C需求嗎？或者，其實是我們把孩子的胃口弄壞了？

保持適當接觸3C與網路的祕訣指南

祕訣007　別讓3C變成貼身玩具
祕訣008　找回3C的替代方式
祕訣009　謝絕孩子獨自使用
祕訣010　留意情緒反應的強度

你被孩子3C勒索嗎？

祕訣007

別讓3C變成貼身玩具

3C的威力真的是太猛了，學齡前的幼兒恐怕招架不住。君不見，我們大人也很容易淪陷。3C真的不壞，但孩子使用的時機未到，再次強調，一切淺嚐即止就好。

3C到底可不可以升級，成為幼兒的貼身玩具？

它的確很吸睛、很誘人，但就怕當3C登堂入室之後，其他的玩具，無論是積木、拼圖、布書、娃娃屋、火車軌道、家家酒、疊疊樂、黏土、玩具小汽車、跳跳馬、音樂小鋼琴或Hello Kitty都得閃一邊，被遺忘在角落裡。

3C可以是孩子的興趣之一，但不應該是唯一或主要的興趣模式，甚至於造成他拒絕接觸其他實體世界的阻礙。

小小孩要的就是玩，而且愈好玩愈好。

爸爸媽媽請放下你們的身段，拋開3C（但是請小心輕放），多和孩子一起玩遊戲吧！

祕訣 008

找回3C的替代方式

隨著孩子年紀愈大，你將常常聽見孩子拋出這些疑問：「我要做什麼？」「我不知道要做什麼？」「我可以做什麼？」接著又補上一句：「好無聊！」

我一直認為孩子的世界應該是很寬廣的，視野是無限的，只要我們願意帶他們去探索，而不應該僅是窄化在這小小的螢幕裡。孩子的成長不能只剩下視覺與聽覺的聲光刺激，他還需要實實在在地去感受、去體驗，那些視覺、聽覺、觸覺、味覺、嗅覺等交織而成的經驗。

孩子摸不到天空，但是踩得到草地。孩子不斷磨練手指，卻忘了我們還有腳趾。別讓3C改變了孩子的成長模式，這不應該成為與大自然絕緣的理由。

孩子不使用3C的時候，可以做什麼？讓我們來思考沒有3C的美好日子，找回3C的替代方式。

祕訣 009

謝絕孩子獨自使用

千萬別把3C產品丟給孩子自己使用。

你被孩子3C勒索嗎？

你知道孩子在玩什麼嗎？或許你會理直氣壯地說：「當然知道，這些遊戲與Apps可是我們精挑細選的。」可是在使用過程中，什麼時候會彈跳出超齡的情色或暴力廣告，你無法預料。

網路世界如同暗藏地雷，在孩子以手指滑動與點按的過程中，隨時可能誤踩地雷而引爆。多接觸，多使用，風險當然相對愈高。

小小孩應該是充滿好奇心，對周遭的人、事、物感興趣的。但是，當他的視線被框在螢幕世界裡，腦海總是充斥著這些聲光刺激，對於人的互動，當然也就很容易慢慢地生疏、不感興趣。你可以注意一下，孩子在使用平板、滑手機的過程中，有多少次抬起頭看看你？甚至當你離開了他的視線，他可能都渾然不知。

祕訣010

留意情緒反應的強度

請注意，一旦給了孩子手機、平板等3C產品，你就要開始仔細留意他的反應。開心、興奮、緊張、陶醉其中，當然都有，請留意他的反應強度是否超出你的想像範圍。

如果是，請逐漸將３Ｃ轉移，這麼做是有必要的。當然，你也會面臨一種挑戰，那就是要讓孩子「繳械」時，他可能會產生的情緒反應。

從孩子手中取走３Ｃ的同時，也要有別的事物來代替，例如一起和他玩律動遊戲或唱歌給他聽，讓孩子的注意力可以有效轉移，以免他的情緒太過激動、上下起伏，甚至徹底崩壞。對於學齡前幼兒來說，這一點尤其敏感。轉移得漂亮，親子關係也將順利自在。

問題四

孩子吵著要玩手機怎麼辦？

【分辨想要與需要】

我們常常聽到孩子說：「我想要！」卻很少聽孩子向你表示：「我需要！」關於手機的「想要」與「需要」有著天壤之別，我們必須讓孩子清楚地明瞭這當中的差別。

多數的孩子，其實是「想要」。就像年紀愈小的孩子，往往不斷地呼天搶地：「我就是要！我就是要！反正我就是要！」

要什麼？一個幼兒園、小學的孩子要手機是要做什麼？當然在這些階段，基本上談不到所謂的「需要」（對於青春期的孩子就得細膩考量了），畢竟手機不像三餐不吃會影響生長發育。不過，怕就怕孩子把手機拿來當三餐，飯可以不吃，但手機一定要無限上網吃到飽。

想要，這欲望是可以理解的，因為我們大人也「想要」許多東西，只是想歸想，不見得非要得到不可——除非你有所付出。當然，孩子也不例外。

我們必須讓孩子知道「付出」的必要，許多事不是自己開口要，吵一吵就能得到。付出，不見得一定能獲得自己想要的；但不付出，以後出社會，沒人管你在吵鬧。別讓孩子一副理所當然地表現他就是想要、想要、想要，甚至大聲對你說：「我要手機！你到底有沒有聽到？」

就算你聽到了，也請別輕易滿足孩子所想要的。手機只是一個缺口，這一關沒守好，數不盡的煩惱就會來報到。

許多父母大概都遇過類似的情況，孩子要借手機看、借手機玩，我們往往二話不說，馬上借給他，但是孩子對於日常生活中，明明該是自己自動自發去做的事情，卻老是拖拖拉拉。這種不一致的態度，很值得父母深思：過往我們授予孩子的權限是否太寬鬆了，而讓他在取得手機的使用權上，顯得過度容易。

太容易得到的東西，孩子不會珍惜。

你被孩子3C勒索嗎？

保持適當接觸3C與網路的祕訣指南

祕訣011

愈急愈不給，愈問愈不給

「媽媽，我想要玩，你為什麼不給我玩。我現在就是想玩，為什麼還要讓我一直等、一直等，你到底讓不讓我玩？」

孩子常常這樣向你抱怨嗎？

關於孩子是否沉迷於手機，我有一項觀察指標：孩子是否不斷向你吵、跟你要，而且是急著馬上就要。

為了孩子好，必須提醒你一個原則：孩子愈急就愈不給，愈問就愈不給。

等待，孩子需要練習慢慢等待，把想要玩手機的那股衝動與欲望，用時間好好地沖淡、再沖淡，像茶包回沖一般沖到最後沒味道了，最好。

想玩卻玩不到，這一點當然令孩子感到焦慮、煩躁、不安、易怒，進而哭鬧或咆哮。關鍵也就在這裡：在某種程度上，手機成了孩子情緒紛擾的燃點。

等待，讓孩子學習在手機前，練習等待，這對於自律與情緒控管有益無害。

等待，是孩子需要學會面對的人生課題——如果他真的想要得到自己所期待的事物。手機，不是不能給，這是我一直強調的想法。但我們更要審慎思考，如何讓手機的出現，對於孩子的成長有加分的作用。

若孩子對於眼前的誘惑，可以心如止水般地等待，我想，這就是手機最大的加值作用之一。

你被孩子3C勒索嗎？

祕訣012 給孩子善意的回饋

既然孩子「想要」，那麼乾脆把手機設定成「獎勵」的誘因如何？

這一點，其實我不是那麼支持。平日在家庭生活與臨床實務工作中，我並不是那麼傾向於「你只要完成什麼，我就給你什麼」的模式。

難以避免地，有時孩子自己會拋出這樣的遊戲規則：「爸爸，我寫完功課以後能不能用手機？」

這時，我通常不會立即回應好或不好，而是一句話：「寫完再說。」

而當他把該做的事情做完了，到底有沒有使用手機的福利，真的是再說。

倒是，當孩子自發性地把分內的事情完成時，我反而會不經意地拋出一個「善意的回饋」，主動詢問孩子：「要不要玩手機？」

不玩，當然最好，彼此少煩惱。

祕訣013 免費點數surprise空降

對於學齡前幼兒及國小階段的孩子來說，接觸手機的動機主要是「好玩」，從一些下載的Apps、YouTube影片或手機遊戲中，享受到當中的刺激與樂趣。當使用手機被視為是一種行為表現的獎勵或誘因時，除了親子之間訂定取得使用權限的遊戲規則外，最具效果的方式，就是爸媽突然贈送的「免費點數」：無預警地給孩子使用手機的權限，例如十分鐘或二十分鐘的使用時間。

對於這項免費點數，在使用期限內（當下、當天或當週），孩子可以決定玩或不玩。而當時間逾期，這個多出來的福利便自動取消。

免費點數什麼時候給？我想最完美的時間，就是當孩子主動、自發性地完成了他分內該做的事情。這時，surprise般的空降往往令孩子感到欣喜與振奮，而他未來再出現這些好表現的機率，也會相對提高。

祕訣014

孩子要具體地說服你

我們總是看見別人的「有」，這個「壞」習慣，不論大人或小孩都一樣。當同學拿著手機在自己眼前閒晃，手機鈴響、LINE聲不斷，或者問自己：「你有沒有手機？有沒有LINE？」孩子也想要擁有的欲望立刻就會被點燃。

想要某樣東西，用說的很簡單，但可不是開口就會有。更何況，許多孩子是直接用吵的、用叫的或用鬧的。

「同學有，我也要有。」這種想法不能說有錯，重點是，你要怎麼有？若讓孩子養成「理所當然」的態度與價值觀，是非常可怕的一件事。當手機得來容易，孩子也將很難學會珍惜。

請讓孩子明白：你想要擁有什麼，總得說服爸媽，給爸媽一個好理由，讓我們願意點頭。

想要，這一點很容易明瞭。至於需要，那就有勞當事人清楚說明。不同階段的孩子對於手機的需求不盡相同。漸漸懂事（人情世故的社會事）的青春期孩子，可能會開始口口聲聲地說：「我需要。」死纏爛打地跟你耗。但是，「想要玩」到底可不可以視為孩子的需求？這一點我想先予以保留。

「是你必須說服我為什麼你需要有手機，而不是我來告訴你為什麼你不能有手機。」這是我堅持的溝通原則。洗耳恭聽，讓孩子談談自己的需求是什麼？

讓孩子具體地說服你接受他當下有使用手機的需要。請提醒自己，重點在於

「需要」，而非想要。讓他在使用前，試著先心平氣和地想想手機對自己帶來的好處。理由愈具體、愈充分，你應允的機率當然就愈高。

祕訣
015

剖析自己的需求

在演講時，我常問聽眾：

「到現在還是沒有用LINE的人請舉手。」

除了我之外，現場舉手的人幾乎寥寥可數，五根手指頭數都沒數盡。

老實說，有時我拋出這個問題，多少是有些得意地在表示：「你們看，像我這麼忙碌的人，都可以捨LINE不用。」

言下之意則是：「你們看，我對於社群軟體的自律有多好！」

但這其實算是一種自欺欺人。

我常說：「未來幾年，我還沒有使用LINE的需求。」

另一方面卻又心虛地坦承：「雖然我沒有用LINE，但是，我卻上FB上得很勤快。」

你被孩子3C勒索嗎？

我忍不住省思：在這一番LINE與FB的取捨中，對我來說，到底代表了什麼樣的意義？或許，我是嫌使用太多的社群媒介會讓自己感到紛擾，就像以前捨「噗浪」（Plurk）就FB一樣。從這段使用歷程，我也看到了自己對於社群網站的需求。

了解自己使用的需求，為什麼是一件非常重要的事情？因為當需求明確了，多少就能夠清楚知道，當自己把時間花費在這些平台上時，到底想要做什麼。

這也是為什麼聊到孩子對於手機、平板、電腦的使用狀況時，我會不斷地提醒爸媽，多引導孩子看見自己使用3C產品的需求在哪裡，能夠明確地說出來，就會是一件好事，而不是「我就是想要」這種沒人會理睬的理由。

有些需求其實是被刺激出來的。「聯合新聞網」有則新聞標題：〈導師設LINE群組　國中生吵買手機〉，內容報導在台中有一所國中，老師設立了班上的LINE群組，作為下課後討論功課、公布小考答案、提醒明日注意事項等使用，但同學之間不能聊天。

在青春期孩子身上，這種壓力的情況的確是必須考量的一道因素。當手機成為話題與溝通的媒介，孩子有時不得不參與。

那麼，課業需求呢？

是沒錯，對於國中、高中的孩子來說，有些專題或報告需要上網搜尋、查閱資料。

孩子還會告訴你，同學之間要透過LINE或ＦＢ訊息進行討論。關於這一點，可以先試著讓孩子估算他預計要花費的時間有多久，以及具體所要討論的內容與細項。

當然，需要思考的是，透過手機或電腦打字真的方便討論嗎？還是先構思、想好提問，直接透過電話一次完封更有效率？

手機是一種媒介，無論是作為溝通或娛樂，生活中無所不在。對於孩子是否該使用或玩手機，我想並不需要陷入給或不給、全有或全無的「二分法」。

透過手機的使用，可以了解孩子所想要的與需要的、自律及時間管理、承諾和信任、滿足與延宕等情況。

試著與孩子溝通使用手機這件事，以讓親子雙方都更能享受科技所帶來的便利與美好。

手機本身並不壞，但是處理不好的話，親子關係很容易變壞。當你遞手機給孩子時，請三思。

問題五

【一種生活模式的選擇】

家裡該不該有電視？

在演講中，有時會和現場聽眾聊到電視節目，從本土劇、偶像劇、談話性節目、新聞聊到綜藝節目。有意思的是，過程中總會有少數聽眾舉手表示（而且手通常都舉得特別直，眼神特別明亮，說話語氣也顯得相當冷靜與堅定）：

「我家沒有電視。」

「我家不裝第四台。」

話一出口，總是引起現場其他聽眾引頸，投射出不可思議的眼光，瞪大眼睛想看看到底是哪些父母這麼「神」？家裡竟然沒電視！

「唉喲，他們家孩子年紀一定很小啦！」

你被孩子3C勒索嗎？

「那他的孩子在家都在做什麼？」

「怎麼可能？那小孩怎麼知道現在外面發生什麼事？跟同學怎麼有話題？」

大家私下議論紛紛。

這時，原先舉手開口的爸媽就像落單的紅鶴，但卻又自信滿滿，成為眾所矚目的焦點。

對於大多數現代人來說，電視可是居家生活的基本配備。更何況，現在電視液晶螢幕的尺寸愈做愈大，三十二吋、四十二吋、五十吋、六十吋，甚至六十五吋的比比皆是。沒電視？平時習慣守在電視機前的你可能會覺得不可思議。

就像其他的３Ｃ產品，電視或第四台僅是一種媒介，我們透過這個媒介享受娛樂，同時了解外在的世界。

會強調家裡沒電視的爸媽，通常也在捍衛著一件事：手機少用，電腦也少用，對於３Ｃ的防線嚴密得牢不可破。

有些父母則擔憂現在不讓孩子接觸電視，是減少了誘因沒錯，但孩子以後終究會接觸，我們現在的限制，會不會反而使他日後更容易受吸引？還是他以後真的就不習慣看電視了？

家裡該不該有電視？這絕對沒有是非對錯。許多事情並非可用全有或全無的角度來斷言。家裡沒有電視或第四台的人，並不表示他就不關心生活周遭的事物。要享受媒體的視聽娛樂，還有許多其他的替代方法，更何況現在網路上的視頻網站那麼多。

家裡該不該有電視？我想這是可以討論，並相互尊重的事。每個家庭都有各自的狀況，不足為外人道。例如年輕的爸媽不希望家裡有電視，但家中公婆長輩或許認為一個家裡怎麼可以沒有電視。或者媽媽反對裝第四台，但爸爸則堅持非裝不可，而僵持不下。

再次強調一件事：電視如同其他３Ｃ產品，手機、平板、電腦、網路等都是一種媒介。也就是說，我們期待從電視這個媒介看到什麼？是否安裝第四台也是同樣的道理。沒有第四台，但是家裡可能有ＭＯＤ。

不管你如何決定，這都是你所選擇的一種生活方式。

保持適當接觸3C與網路的祕訣指南

祕訣016　優質節目的過濾與篩選
祕訣017　共同的聚焦與話題
祕訣018　讓電視「冷靜一下」

祕訣016

優質節目的過濾與篩選

我想，重點不是在電視，而是節目的內容到底適不適合孩子。我們考量孩子從電視媒介會看到什麼，其實真的不需要以偏概全，優質的電視節目或戲劇仍然值得我們細細品味。當然，太多怪力亂神、色情暴力血腥的卡通，內容、畫面重複再重複、重複再重複，或者兒童不宜的新聞節目，或長輩愛聽、愛看、愛談論、道是非的政論節目等，的確需要篩選、過濾。

電視並非邪惡的盒子。只是現在要從這個盒子中，去篩選適合孩子觀看的節目，去蕪存菁，需要花費一些心思與時間。或許你覺得能夠看的就是那幾個節目，幹嘛花錢去裝第四台？乾脆連買電視都省了，這也是一種選擇。

祕訣
017

共同的聚焦與話題

我家有電視，也裝了第四台。有意思的是，當我這個爸爸守在電視機前時，通常孩子也會窩在旁邊一起看，畢竟爸爸都在看了，那麼好的時機，此時不看更待何時？

在這種情況下，看電視的時間與內容就成了我必須顧慮的事。但全家一起觀看的好處，是彼此有共同的聚焦與話題，像是先前我們每個星期守在電視前追戲：《愛的生存之道》、《徵婚啟事》、《巷弄裡的那家書店》……等，這都是全家難忘的電視經驗與回憶。

雖然看電視的過程中，全家人少了面對面的交集，但是在廣告時間，還是可以旋轉角度，彼此對話。而從另一個角度看，有些廣告反而是親子之間可以討論的話題，跟孩子討論如何在短短幾十秒裡面，把你所要推銷或介紹的產品讓消費者有印象，進而掏錢消費。也就是說，在廣告裡如何短時間強調重點，讓觀眾對某個產品或服務的特質有印象。

如果看電視能讓親子之間除了有共通的話題，還能從對談間更加了解彼此的想法，或孩子看待事物的角度，我想，這或許也是電視存在的意義之一。

祕訣018

讓電視「冷靜一下」

儘管身為專業的臨床心理師，當回歸到「爸爸」的角色，其實我仍在學習如何面對孩子之間的爭吵。當然，爭吵很自然，但是對於因為搶爭「電視權」而吵過頭，爭執不下，有時也會讓我無法忍受。心理師也是人，在爸爸這角色上，同樣也會有情緒。

這時，在不耐煩之中，為了讓孩子們自己想辦法解決爭端，我會選擇將電視搬離現場，或把電視機轉過去背對著他們，或者乾脆覆蓋上遮布，誰都別想看。

在這種情況下，我常常會告訴孩子：「電視不是好東西，因為它總是造成你們的爭吵。」而故意把電視牽連進來。至少在眼前，「電視」的確是火藥源。

但是事後經過冷靜思考，我開始試著自我覺察讓自己「不耐煩」的癥結在哪裡，是電視？是教養上的挫折？還是對於孩子們起衝突無法忍受？沉澱之後，進一步思考，在這無法忍受的層層洋蔥剝開之後，裡面最深的那一層到底是什麼？

有時我們需要讓「電視」靜一靜，同時也讓「自己」靜一靜。讓電視休養生息，先讓彼此回歸平靜，或許，心思會更為清明。

偶爾讓電視進廠保養，暫時把電視收起來吧！這不麻煩，現在液晶電視螢幕很輕的。我的經驗發現，在家裡，當有電視看的時候，孩子們就很容易在前面圍觀。但是，幾次因各種理由把電視移開後，孩子們就自然而然地在客廳或是房間裡，彼此聊聊天或就現有的玩具玩起來。

圍觀看電視，是螢幕裡的人話多。而當電視暫時移開了，你會發現手足之間的談話變多了。

當然，要讓家中沒電視，大人自己得先做好調適。

問題六

【捷運上，大家都在滑手機】

要從眾？還是做自己？

由於演講的關係，我常在不同的交通工具之間轉換，穿梭於各地進行分享。或許你很難想像，一次的外縣市演講，從宜蘭的家出發到演講地點，來回常常共需要轉乘十段交通工具（自用車、客運、捷運、高鐵、主辦單位接送），甚至還有十二段轉換的，但我總是樂此不疲。

就像大多數人一樣，每回在轉乘的捷運線上，都會看到許多人低頭滑著手機螢幕的畫面，這幾乎成了現代的都會風景。有時我會想：「如果我一個人很文青地端起書來看，會不會顯得很突兀？」

「哈！心理師，你管人家怎麼看？」

別笑我。雖然在捷運上，只要不違反《大眾捷運法》的相關規定，而且沒礙到別人，我們想要做什麼都可以，不需要理會別人的眼光及反應，但如果是敏感一點、比較在意別人看法的人，還是會感到相當不自在。

從眾心理看似不理性，但在某個程度上卻也使人相對安心、自在。畢竟現在搭捷運還看紙本書的人真的太稀有了，反而讓人有一股衝動，想要捕捉當下美好的那一瞬間，搞不好還會被po上網。

在捷運上，大家盯著螢幕滑手機，或許是最安全而不會成為獵物（被視為文青遭偷拍）的行動模式。這一點，看在小小孩子的大大眼睛裡，他會懂得的——以後在捷運上，他也就懂得滑手機，別看書，「跟大家一樣」。更何況，捷運車廂裡的廣播及跑馬燈，不斷在提醒著：「閱讀書報請避免影響其他旅客……」

在捷運上，孩子除了望向車窗外呼嘯而過的街景，及捷運地下化的一片暗黑牆面，視線拉回車廂裡，眼前就是一幕幕眾人滑手機、看平板的畫面，要孩子別玩３Ｃ，還真的很難說得過去。

上了捷運，看書變成一種稀有行為，反而容易引起側目。車廂裡，多數人都

你被孩子3C勒索嗎？

低著頭。我們都在示範，孩子也都在看，看我們如何使用3C過著每一天——

這些年，我們都在捷運上滑、手、機。

保持適當接觸3C與網路的祕訣指南

祕訣019　別自圓其說
祕訣020　親子頻聊天
祕訣021　面對別人的犀利目光

祕訣019 別自圓其說

要讓孩子遠離手機，說真的，我們大人總是很難理直氣壯。孩子可能很天真，卻也很實際地問你：「爸爸，為什麼大家都在滑手機？」這時，或許你也正滑著手機……

「為什麼大人可以滑手機，小孩子就不可以？」孩子繼續問。

「因為小孩常盯著手機螢幕看，會影響視力。」你搬出這個理由。

但是他毫不客氣地說：「爸爸，可是你戴眼鏡有近視，我沒有啊！」

「這……」

第一回合，我們就被打臉，而且被打得很腫。

「我們大人是因為工作需要，所以才常常用手機啊！」

你有點得意自己想到了一個好理由，但他不以為然地說：

「可是我常常看你在按讚、貼文和看FB啊！」

「這……現在世事多變，所以要隨時掌握訊息，當然這也和工作有關。」

「可是，我也常常看你在玩遊戲啊！」

「嗯，工作也要稍微放鬆啦！」你吞了吞口水，有點心虛。

讓父母感到尷尬及缺乏立場的是，如何面對孩子的強烈質疑：「為什麼大人可以，小孩卻不行？」

當下，你可別意氣用事地回答：「我係阿爸哩！」或「因為我是媽媽啊！」

若你想要用「爸媽」這個角色來強壓孩子的需求，他們是不買單的。一、點、都、沒、有、說、服、力。

「為什麼大人可以，小孩卻不行？」聽到這句質疑，我想許多爸媽都難免支吾其詞。

關鍵就在這裡！跟孩子一起搭捷運時，若你想看手機，請先準備好一套足以說服孩子的好理由。但可別亂騙小孩喔！現在的孩子可是很有智慧的。

你被孩子3C勒索嗎？

祕訣020

親子頻聊天

搭捷運時，多多跟孩子聊天吧！從起點到目的地之間，盡情地聊（但要注意在車廂裡保持輕聲細語，這是基本的禮儀）。說真的，現代人透過FB、LINE與所謂的「朋友」聊天的機會，或許還比跟自己的孩子聊天多。

在靜止與移動之間，讓親子聊天成為一種習慣。開始嘗試之後，你會發現聊天還真是要常做的事。不然，現在就試試看你可以和自己的孩子聊多久？能不能聊得起來？可不一定像你想的那麼容易喲！

或許你會問：「那要聊什麼？」聊什麼都行，只要是能讓親子展開對談的話題都可以。

千萬別讓孩子跟你比臉友、LINE友還陌生。

和孩子聊天，也多少能轉移他對捷運上大家都在看手機的注意力。雖然這個趨勢已成定局，但至少我們還有機會，讓年幼的孩子對手機少一點在意。

祕訣021

面對別人的犀利目光

想像一下孩子望著我們聚精會神地用3C時，他那閃閃發亮的眼神，與漸漸鼓脹的欲望和好奇。這時的他正羨慕著我們，期待自己也有那一天，可以像大人一樣把玩這些玩意。然而漸漸地，他會發現原來不需要等到長大，只要會吵、會鬧，即使只是個小小的baby，大人都會立刻給他平板和手機。

好奇，是孩子最自然擁有的天性，因此，他們也很自然地想要了解、體驗大

你被孩子3C勒索嗎？

人的新玩意，搞懂那究竟是怎麼一回事。學齡前的幼兒都難免蠢蠢欲動了，更何況年紀較大的國小、國中和高中的青春期孩子們。

其實尷尬的氣氛不單捷運上有，在校園裡，有些青春期的孩子也會面臨同儕眼神的壓力。想像一下：下課時間，周圍的同學們一個個在低頭滑手機、LINE來LINE去，聊著FB塗鴉牆上的訊息，這時，怎能期待一個孩子專注地看著自己的書？老實說，這真的需要一股很強大的勇氣，以及面對他人眼光的抗壓能力。

青春期的孩子正處在「要從眾？或選擇做自己？」的一道抉擇關卡。我們可以和孩子分享，當處在大多數人都在做同一件事情的氣氛中（例如搭捷運時、學校下課時，大家都頻頻看手機），是否能覺察到自己當下的感受？同時，這些感受是從怎樣的想法而來？當自己也想要拿起手機時，是出於自己的需求？還是無法承受周遭犀利的眼光而不得不？

而那股犀利，到底是要傳達什麼樣的訊息與意義呢？

問題七

【大人對3C也沉迷】

我的懺悔與改變……

吃飯時該低頭，但是，真的不應該一邊低頭吃飯，一邊滑手機。然而有一段時間，我卻是這麼做。

有很長一段時間，在全家相聚吃飯時，我總是會發揮「第一時間」捕捉盤中「獵物」的習性，老媽、老婆和孩子們則是拿著碗筷在我的手機後面排隊，癡癡地等著。

我愛拍、愛po、愛分享，無時無刻。而且既然po了，在FB分享了，也很自然得追蹤有多少朋友留言或按讚，常常目不轉睛在螢幕上。這一點，孩子們當然都看在眼裡——我想，也學習在心裡。

你被孩子3C勒索嗎？

一家人同桌用餐，我這個做爸爸的卻帶頭示範邊吃飯，邊側頭猛盯著手機，美其名是看有沒有e-mail需要立即回覆，或者隨時掌握塗鴉牆上友人的分享訊息，讓自己隨時與世界聯繫。這還真是典型地把行為合理化。

我常常跟老婆說：從小到大，我的腦袋總是不斷地在轉著、轉著，甚至連睡覺都作夢不斷。

我是一個愛想事情的人，也可以說是一個隨時隨地都需要「刺激輸入」的人，說是資訊焦慮也行，總是迫不及待地讓所謂的「資訊」（雖然常常是無用的資料）從我的眼睛進入忙碌的腦袋裡。

但是有一天，出現了這樣的畫面：全家人同桌，卻人手一機！

我知道是大人做了壞榜樣，孩子只是有樣學樣而已，但看到那一幕大家同桌，卻各自低頭猛瞧手機、滑手機、玩手機的模樣，頓時我心裡有一股厭惡感油然而生。

請容許我用「厭惡」這兩個字，來形容「全桌都低頭看手機」的情景。但怨不得人，始作俑者正是我自己。

或許，我厭惡的是沒做好身教的自己。

IKEA有一則非常經典的電視廣告，除了令人同感共鳴而會心一笑外，深究其中所隱含的訊息，其實頗為嚴肅與深刻，值得深思。廣告的文案是：

「科技不斷進步，IKEA想讓手機對聚餐更有幫助。IKEA好好吃飯桌，只要放下手機，智慧餐桌就可啟動電能發熱，手機愈多，火力愈強……好好吃飯，讓家更有味道。」

有了手機，我們看似活在當下，猛拍照、po文、貼照片、上傳，或不斷LINE來LINE去，彷彿彼此零距離，卻反而忽略了最親也最近的，其實就是眼前的家人。

我們都犯了同樣的錯：美其名是FB分享，其實是在等待「所謂的朋友」的按讚回應。回想過去自己身陷其中的模樣，真是哭笑不得。

這是我的懺悔，同時，我也期待自己率先做出改變。

你被孩子3C勒索嗎？

保持適當接觸3C與網路的祕訣指南

祕訣022　帶頭「滅機」
祕訣023　解析3C與自己的關係
祕訣024　模仿大人，是最安全的一條路

祕訣022

帶頭「滅機」

要消除這股厭惡感，當然得從我這個爸爸率先做起：滅機——讓手機在餐桌上絕跡！這也考驗著為人父為人母的使命感，及是否能忍受改變（雖然是長期不良習慣的改變）。剛開始，我心中難免有些卡卡的感覺，但回饋也是立即而令人鼓舞的。我發現當自己的手機封存在口袋中時，孩子們也自然地融入用餐氣氛中，少了對於手機的搖旗吶喊。

當大人專注於彼此吃飯和聊天的氛圍，孩子自然也就隨之改變。這檔生意所需成本低，但收益成效高，差別只在於父母本身願不願意。

祕訣023

解析3C與自己的關係

3C既然是一種有效的媒介，當我們在使用時，也可以發揮舉手之勞，同步讓孩子知道我們透過3C在做什麼。我自己一直有個做法：讓家中三個孩子適時知道爸爸的工作到底在幹什麼，還有3C和我的工作到底有什麼關係。

先以手機來說，熟悉我的朋友大概都知道，由於工作性質的關係，我往往在第一時間無法接聽電話，因此我常在FB上發出類似的訊息：「如果您需要聯繫我，請多使用臉書、e-mail或手機簡訊留言。」

基本上，我很不習慣也不愛透過手機或社群網站（例如FB）聊天。我會讓孩子知道，我常常透過電腦、手機，藉由FB來分享我的生活內容、演講訊息、部落格或相關文章等，同時瀏覽網站以隨時掌握周遭的訊息，及激發腦袋裡的靈感。

對於經常需要寫作的我來說，電腦自然是相當親密的夥伴，孩子很清楚這一點，也能理解為何爸爸總是在鍵盤上敲敲打打。至於iPad則是工作上，作為小朋友認知訓練的媒介。

你被孩子3C勒索嗎？

秘訣024

模仿大人，是最安全的一條路

智慧型的時代怎麼過？我們正在示範給孩子看。

想想我們的一天：早上起床，手機鈴聲可能取代了傳統鬧鐘。起床第一件事，可能是打開手機盯著螢幕，而不是打開窗簾望著窗外的景致。上廁所、蹲馬桶，必備物品除了衛生紙，有時還要盯著手機看。吃飯，望的不是眼前營養的佳餚，而是聚精會神地配著手機，凝視著螢幕。

或許有一天，孩子也會選擇和我們一樣。

就怕到時我們的深情呼喚，換來的是他們的遺忘。

「孩子，你有沒有注意到爸媽已經逐漸有了白髮，額頭有了皺紋，皮膚也失去了該有的光澤？爸媽漸漸沙啞的聲音，或許令你感到厭煩。你總是頭也不抬，眼睛緊緊盯著螢幕看。但我們就在你眼前，你似乎遺忘了我們的臉龐。孩子，3C讓你離我們而去了。」

模仿，是最安全的一條路，所以孩子自然會這麼想：「既然大人都這樣了，那我當然也可以。」而我們示範給孩子看的，便是如何讓3C融入生活裡。

在孩子、父母與3C之間，絕對不是一場全有或全無的親子戰爭。這不可能，也沒必要。重要的是在使用3C的過程中，如何讓彼此都能夠駕馭這些高科技產品，而不是深陷其中，無法自拔。大人的一言一行，對孩子而言都是範例，但可別盡是往壞的方向示範。我們也要與孩子一同學習如何與3C和平相處。

或許，我們需要先懺悔吧！在使用3C上，我們都難免犯錯。其實，孩子也正在複製下一個「我們」。我常說，「模仿與複製」對於孩子來說是最安全的做法，我們怎麼做，孩子就怎麼看。你無須有太多的理由與藉口，孩子模仿的就是你的身影。

可喜的是，我願意改變，也實際試著去改變，讓孩子看見了，我們與3C也能夠建立起好關係。

遠離網路成癮第2部

堅持合理的使用規範

問題八

【堅持與妥協的拉鋸】

你被孩子3C勒索嗎？

「你不給我玩，我就不要寫！」

「你不給我看手機，我就不吃飯！」

說真的，我不吃這一套。尤其當孩子脫口這麼說時，更會讓我吃了秤砣鐵了心：一、定、不、會、給。有時我還會想：「孩子，你真的不了解我！」

然而，類似的場景卻在許多家庭裡不斷地上演。

有些孩子擺出一副賴皮的模樣：你不給，什麼都別談。功課停擺、洗澡停擺、吃飯停擺……所有事情都一律罷工，一切的訴求就只為了一件事：「我要玩3C！」

「我根本就拿他沒辦法。」

「所以呢？」

「……就只好給了。」

這是在多次的演講場合及諮商過程中，爸媽所發出的無奈。

這種勒索的方法很容易讓父母遺忘，總是想著：給了就能了事，孩子只要不哭不鬧不吵，自己也清靜好做事。不用想太多，滑滑手機、點點平板、玩玩電腦又不是什麼大不了的事。「我們大人不是都在用？」這樣給自己一點安慰，讓心裡舒坦一些。

「僅此一次，下不為例！」我們常常這樣告訴孩子，其實更是在暗示自己。說完繼續奉上３Ｃ，大家相安無事。

但問題來了，孩子對３Ｃ需求無度，似乎吃定了你；開口要，你不給，於是八點檔的老套劇本再上演一次。幼兒園哭，國小吵，國中鬧，到了高中雖然不至於吵著要上吊，但就怕孩子威脅要傷害自己，讓爸媽受不了。

情緒勒索，總是在每條大街小巷的房子裡外上演著，而這就像周瑜打黃蓋，

你被孩子
3C勒索嗎？

一個願打，一個願挨。孩子的勒索功力則如線上遊戲的經驗值逐漸提升，勝出率愈來愈高，你的放棄指數也逐漸破表，最終還是被孩子識破——原來爸媽這麼容易妥協。

孩子會有情緒勒索的行為，不是一天造成的。

當他三不五時釋放出這樣的訊息，你會買單嗎？會妥協嗎？你希望讓孩子以為，他只要這麼做就能得逞嗎？

我相信沒有任何父母希望孩子如此，但我們總是容易買單，

甚至乾脆一次下一整個月的訂單，或者日後比照辦理。然而，一旦你選擇與孩子妥協，就真的只能眼睜睜地看著孩子在3C的世界裡慢慢沉淪下去，起初是慢慢地、慢慢地……緊接著速度會開始加快，直到回不去了——孩子也成癮了。

堅持合理使用3C與網路的祕訣指南

祕訣025 妥協，是有原則的

祕訣026 一念之間的選擇

祕訣027 憂慮的迴圈，會讓你不斷妥協

祕訣028 安全考量為優先

你被孩子3C勒索嗎？

祕訣025

妥協，是有原則的

3C，不是給不給的問題，也並非完全不能與孩子妥協，而是絕對、絕對、絕對不能任孩子予取予求。

要妥協，可以，但你必須堅守原則，讓孩子來說服你。

我明白，你難免會擔心：

「心理師，我的心臟沒那麼強！我哪知道孩子激動起來會怎麼樣？」

「如果他哭鬧吵到鄰居怎麼辦？會被投訴的。」

「如果他傷害到自己怎麼辦？」

「如果他做出傻事怎麼辦？」

你有好多的「如果」、「疑惑」和「怎麼辦」，反映了你的無力與無助。

但是難道你就這樣選擇棄守？

還是，你根本就沒有原則？

這話說得重，你可能不愛聽，但這一刻，你真的需要被點醒。

祕訣026

一念之間的選擇

在這個關鍵時刻，堅持或妥協就在你的一念之間。

當孩子的情況發展到這裡，你還認為３Ｃ對他是好東西嗎？我想，這是你必須正視的「問題」。

沒錯，這裡要強調的就是「問題」。

你現在面臨的正是被孩子「情、緒、勒、索」的問題，他正在用這種方式「對、付、你」！

而且，有效！

想想看，今日妥協了，那明日呢？明天過後呢？……一場沒完沒了的勒索戲碼將不停地上演。

你需要捍衛自己的堅持——一種不輕易被情緒勒索的堅持，一種為孩子未來的發展所考量的堅持。

但這需要一些勇氣，及支持你的力量和技巧。

你被孩子3C勒索嗎？

祕訣027

憂慮的迴圈，會讓你不斷妥協

「可是他哭鬧吵到鄰居怎麼辦？」

就像個迴圈一樣，擔憂又在你心裡浮現。

的確有那種「管它三七二十一，反正我就是吵到我要」的小孩，但是大部分的孩子如果真的吵到讓鄰居來敲門提醒，不但會噤聲，行為舉止也會收斂一些。

誰說他不在乎呢？他在意鄰居的反應可能還勝過對你的在乎。

如果真的吵到了，頂多事後登門道歉。我想只要是家裡有小孩的鄰居，多少都可以諒解，甚至可能還會豎起大拇指，敬佩你不畏孩子情緒勒索的堅持。

「如果他傷害到自己怎麼辦？」

「如果他做出傻事怎麼辦？」

你又在為自己的妥協找台階下了。你怕的到底是什麼？又是在擔心什麼？

發展到這樣模式的父母，經常擔憂地表示：「我怕孩子會傷害自己。」

所以呢？

「那就給他吧！至少玩手機、上網總比傷害自己好吧？」

迴圈，總是讓你不斷地妥協。

祕訣028

安全考量為優先

首先，安全一定是優先考量。當孩子激動到選擇咬自己、捏自己、打自己、敲自己，甚至出現捶頭、撞地等歇斯底里的舉動時，請你想辦法使盡力氣，緊緊地抱著他、擁著他、摟著他，在這個過程中盡量保持冷靜不說話，讓孩子冷卻情緒，同時也展現了你的堅持——很抱歉，即日起，情緒勒索失效。

當然，孩子可能會一波又一波地發動強烈的自我傷害攻勢。

如果你發現孩子長期使出如此的激烈方式，或許某種程度正宣告著他也沒辦法了，一切情勢的發展，已非他所能夠掌控。這時，你可能就有必要考量孩子是否出現其他情緒行為障礙方面的狀況，例如：青春期孩子的憂鬱、躁鬱、思覺失調或注意力缺陷過動症的衝動問題等。

這部分的釐清，有待你與原就診醫療院所的醫師、心理師、治療師接觸與溝通。以確認你所要優先處理的是情緒行為障礙，還是網路沉迷、成癮的問題。

問題九

如何做好時間管理與運用?

【孩子花太多時間上網】

時間,往往是父母與孩子爭執、拉扯的關鍵。

時間花在哪裡?用在哪裡?耗掉了多少時間?享受了多少時間?你的時間、我的時間……到底是誰的時間?

爭論不休,一切只因為孩子遇見3C。

在許多演講的現場與心理諮商的場合,我常接觸到一些表情憔悴、無奈又不知所措的爸媽,憂心地問:

「怎麼辦?我的孩子成天不是在滑手機,就是在線上遊戲裡。」

我可以想像父母眼巴巴地盯著牆上的時鐘,只見時間一分一秒地慢慢流逝,孩子依然守著螢幕不放，而自己卻一點都無、能、為、力。

明知孩子沉迷於3C，自己使不上力，這種感覺讓父母很是挫折。但孩子與3C的關係發展，不該是這樣開始的。請想想，手機、平板、電腦、電視、網路等3C產品可都是從無到有，也都是我們辛勤工作所換來的。但怎麼最後卻演變成孩子長時間花在這上頭，而且喚也喚不回？

到底孩子該花多少時間在3C上？這是一個值得深思的問題。人與人之間，最為公平的就是我們一天都是二十四個小時。再來的差別，就在於彼此如何使用這二十四小時中，扣掉基本的睡眠之後的時間。

腦袋瓜最清醒的時間，究竟該如何來運用？我們總認為孩子需要多花一點時間在課業上。然而愈這麼想，愈事與願違，孩子偏不依。

你認為他該好好看書。但他卻索性趁腦袋清醒好好上網打怪，或和好友私訊密來密去。

許多親子衝突發生的原因，往往在於孩子花了太多的時間、心思在3C的使用上。這一點，很容易就踩到父母所能夠忍受的極限。時間到底該如何約定，彼

你被孩子3C勒索嗎？

此承諾？

時間，到底該花在哪裡？

堅持合理使用3C與網路的祕訣指南

祕訣029

設定合理的上網時間長度

對於孩子來說，網路吃到飽當然最好，但現實中，爸媽絕不該如此放任。特別是國小及學齡前的孩子，要管控他們使用3C的時間，某種程度上比較容易一些。當然，面對這些年幼的孩子，爸媽擺不平的也大有人在。

《兒童及少年福利與權益保障法》第四十三條第五項規定：「……超過合理時間持續使用電子類產品，致有害身心健康。父母、監護人或其他實際照顧兒童及少年之人，應禁止兒童及少年為前項各款行為。」

國健署建議兩歲以下禁用，兩歲以上的「合理時間」為一次三十分鐘，兒少每三十分鐘就得離開3C產品。

除了法律授權衛生福利部所定義的「合理時間」之外，回到自己與孩子之間，我們該如何來看待時間這件事？

就一次使用的合理時間來說，你預估是多久？而孩子呢？父母一定要有「底線」。以我自己來說，每回以不超過二十五分鐘為原則。這是我無論如何都要守住的防線。

你被孩子3C勒索嗎？

祕訣030

召開「時間」討論會

請和孩子「談」時間，或者說藉由孩子對3C的喜愛，一起和他聊聊時間要如何運用。科技的創新，真的需要我們有智慧地來使用，而不是倒過來被3C所束縛。

讓孩子思考：自己需要花多少的時間在3C遊戲上？

時間寶貴，所以得用在刀口上，這一切，爸媽一定得和孩子計較。雖然孩子沒有時間成本的概念，看時間如流水，不值錢，但時間一旦流逝就回不來了。你當然必須好好為他精、打、細、算。

例如當孩子告訴你，同學之間要用LINE討論事情。不妨與他聊聊，在他們LINE來LINE去的過程中，努力敲打的字、溝通的訊息外加LINE貼圖所花的時間，如果直接透過電話討論，是否反而更省時？或是在學校直接面對面溝通呢？是否三兩句話就能達成共識？

手機很便利，但孩子需要思考的是，在他現在這個階段，透過手機或LINE溝通不一定會更省時、省事，只是讓他有種一直在做事的忙碌假象。

這也像我們自己在使用臉書一樣，總是會擔心是否錯過了什麼，遺漏了什麼，隨時期待在第一時間掌握天下事。但手指頭不斷地滑滑滑之後，一段時間下來，往往也好像沒有得到什麼。我們都很渴望能掌握許多訊息，但事後往往發現，有時接收的都是生活中不重要的他人瑣事。

就以孩子上網三十分鐘這件事為例。三十分鐘過去了，孩子是否能夠具體地詳列出上網之後，自己到底做了什麼？這些事，對自己的幫助到底在哪裡？讓孩子很「目標性」地告訴你——沒錯，就是要讓孩子有目標地使用，而非漫無目的地漫遊。

同樣地，讓孩子學會估算，這回使用了三十分鐘進行這些事，下回是否能夠以更精簡的時間完成。

祕訣 031

運用「手機使用時間」記錄器

這一款Android支援的App，讓孩子有機會了解自己在一天裡使用手機的狀況及內容，並詳盡地記錄了我們用每個App所花的時間，讓自己充分掌握使用時間清單。而藉由App裡的篩選器，孩子還可以了解在這個星期、上個星期、這一個月內每天使用的時間變化。

知己知彼，這也是讓孩子學習善用Apps的一個機會。當他知道自己花了多少時間在某個App上，也就比較願意與我們一起來討論，如何在時間上進行刪減或調整。例如，連續五天花在ＦＢ上的時間分別為：2h7m15s、1h46m8s、1h33m56s、2h41m9s、2h12m35s。這時，親子都充分了解了孩子使用ＦＢ的狀況，彼此就可以針對細節與需求進行討論、溝通和協商，以達成一個最佳的使用共識。

秘訣032

善用「發條番茄鐘」

我們總是覺得時間太少，孩子卻認為時間好多好多，讓人有時會忘了它的存在。就像家中的自來水一樣，只要用力把水龍頭轉開，水就嘩啦嘩啦地流下來，孩子沒有感覺的。但是，付水費、繳帳單的爸媽卻很有感。

這款「發條番茄鐘」軟體，將時間以每二十五分鐘做切割，休息一次，以提高使用效率。至少孩子要能夠知道，他在每二十五分鐘裡做了哪些事，而不是手機、電腦一打開，渾渾噩噩地浪費了許多年少時光。

祕訣033

下載「WasteNoTime」

時間是要花費在美好的事物上，而不是浪費。

上網搜尋關鍵字「WasteNoTime」，就可以找到這個時間管理的軟體。透過這個電腦小工具，讓孩子有機會思考與評估自己要花多少時間在某個網站上，例如FB或LINE。

有意思的是，當孩子超額使用時（例如原先設定二十分鐘，現在時間已到），不必爸媽出手，「WasteNoTime」軟體會自動提醒並阻止孩子繼續使用。

孩子，別說網路無情，是這個軟體愛你，為你好，省去了父母的嘮叨。

祕訣034

討厭的「時間鎖」

孩子上網時，最討厭的就是不時被打斷。以前這個討人厭的惡婆婆角色，總

你被孩子3C勒索嗎？

是爸媽在扮演，但是反派終究不能演太久，免得孩子一看到你就氣，這時，就讓「時間鎖」（TimeLockControl）這款App上場救援吧！

密碼，沒錯，請輸入密碼。這是一款超簡單的時間控制器，當孩子玩到超過時間，很抱歉，請再輸入密碼。打斷，讓人覺得很煩，但是打斷，也讓孩子知道時間別再耗。

——對不起，密碼錯誤，請再輸入一次。

親愛的爸媽，就送給孩子一組複雜像亂數的密碼吧！但請提醒自己要記住。

關於這些時間管理Apps，你可依孩子的需求上網搜尋，並加以運用，好提升自己與孩子使用3C的時間效能。

祕訣035

忠實記錄使用３Ｃ與網路的收穫

孩子既然使用了３Ｃ，鍾情於網路世界，那麼我們就需要引導他，試著讓他記錄使用３Ｃ與網路之後的收穫。讓孩子練習對這件事情自我覺察：在這段時間裡，透過手機、網路和電腦，自己到底得到了什麼？

把內容忠實記錄下來，讓孩子好好告訴你，他花這些時間使用３Ｃ與網路的目的。除了放鬆、娛樂、好玩、刺激之外，他還能舉出什麼例子？愈具體愈好。

孩子一開始難免會抗拒進行這件事，畢竟，「面對自己」有時是一堵難以跨越的牆。

舉個我自己的經驗。一〇五年的大學學測引導寫作，以「我看歪腰郵筒」為題讓學生發揮。記得一〇四年八月蘇迪勒颱風來襲，我在臉書的塗鴉牆上看到一則轉貼的訊息：「同學姊姊拍到的，信箱啾咪了。」這是我第一次看見那對歪掉的郵筒的萌樣。當時我也在ＦＢ上轉分享了這則訊息：「拜託蘇迪勒的大圈圈趕快移走。拜託，拜託喲。ＦＢ塗鴉牆上，令人會心一笑的遇見。」有意思的是，那些日子裡，這對萌樣的歪腰郵筒不時地在ＦＢ洗版。

你家中參加學測的孩子走出考場，可能忍不住激動得大叫：「阿母，你看，我就是因為有滑手機、看ＦＢ，才知道這一則歪腰郵筒的消息啦！」

自我覺察是一項功課，如果我們真的期待孩子脫「癮」而出，一定要協助孩子，好好練習這一門必修課。

問題十

【約定時間到，孩子不下線】

守承諾和講信用，真那麼難？

「文山，現在已經八點了，你不是答應我要離線，把手機還給我？」媽媽邊說邊走去後陽台，一大堆的衣服還等著洗。

文山裝作沒聽到，若無其事地繼續用iPhone玩「銀河特攻隊」遊戲，耳邊傳來洗衣機運轉的陣陣聲響。

文山的思緒完全沉浸在LINE小鎮上，思考如何拯救被外星人軍團綁架、擄走的可愛莎莉。由於遊戲中的角色都是從LINE的貼圖人物而來，拉高了文山玩的興致。而每場戰鬥可以選擇五種Ranger上場，如何編組也充分滿足了他追求變化的樂趣。

媽媽不時出聲提醒、催促著：「文山，時間到了，手機可以收起來了。」但是他都自動讓這些話語從耳邊掠過，反正只要假裝沒聽到，就可以再多玩一下。這一點，文山的經驗值多得很。他發現媽媽真的很好商量，或者說是很好拐。雖然媽媽總是很慎重地跟他約法三章，但規定是一回事，遵守又是另一回事，只要稍微跟她盧一下，又可以多出很多時間，讓他多練功來升級遊戲中的角色、飛彈、塔城和怪物。

「文山，你怎麼還在玩？不是超過時間了嗎？」

「好啦！媽媽，等一下、再等一下，馬上就好了啦！」應付媽媽的容易度，就像在遊戲中輕易擊退敵人、攻上對方塔城那麼簡單。

文山知道，媽媽還有許多家務事要忙，雖然在一旁催促，但她念歸念，還不是邊說邊去晾衣服，不然就是在整理流理台。

文山已經有三星的小精靈兔兔和四星的青蛙熊大了，但為了能夠獲得戰鬥力超強的五星哈尼及遊戲中必須消耗掉的羽毛，他得多花一些時間（或者說是盡量跟媽媽多拗一些時間）來發送「好友邀請」，同時還得思考要不要召喚朋友來對

你被孩子3C勒索嗎？

抗敵人。

但他沒想到這一回，計謀不但沒有辦法得逞，甚至還踢到鐵板。

「文山，你太誇張了吧！現在幾點了？你還在給我玩手機？」

文山假裝沒聽到，畢竟這一招以前很管用。

「你到底有沒有在聽我說話？現在馬上離線，把手機還給我，聽到了沒？文山，你別太過分喔！我再一次警告你，現、在、馬、上、離、線、把、手、機、還、給、我！」媽媽加重了語氣，臉沉甸甸地看著文山。

文山悻悻然地把手機往桌上一擺，邊抱怨：「真囉嗦，才超過一點點時間而已，幹嘛在旁邊吵個不停。」他好不容易才能進行礦物上升速度的升級耶！

「你以後別再跟我談什麼時間不時間的了。事先約定有用嗎？連玩個手機都這麼難守信用，那以後還有什麼事情人家敢交代給你？」

「唉喲！拜託，沒那麼嚴重吧？我只是剛好在升級而已，而且還沒升級完成，手機就被你要回去了。」

關於自己無法離線的問題，孩子總是有許多理由要爸媽概括承受。

堅持合理使用3C與網路的祕訣指南

祕訣036 信任與承諾一定要重視
祕訣037 別讓「例外」變成常態
祕訣038 說到做到的經驗值
祕訣039 「例外」的理由得充分
祕訣040 手足同步啟動

祕訣036

信任與承諾一定要重視

對孩子來說，逾時似乎沒什麼大不了的，都是我們大人太大驚小怪了。然而，這卻關係到承諾、信任，及孩子對於自律的態度。所以，約定還是一件必須慎重看待的事。

對於信任與承諾，這一點我是非常在意的，因為這牽扯到對於彼此關係的尊重。孩子明明答應了，卻無法遵守，是對於親子間互信的一種傷害，特別是使用手機、平板、電腦、網路時，這種情況經常發生。

你被孩子3C勒索嗎？

關於手機或網路使用時間的拉扯和討價還價，有時就像在傳統市場上，買菜要求送薑、蔥、蒜一樣。如果是在使用前，那一切也都還好談，只要孩子能夠找到理由說服爸媽。

但是，如果時間都已經約定好了，那麼父母這時就應該比照便利超商，維持該有的定價或折扣，說多少，就多少。你應該沒看過有人去7-ELEVEN、全家、OK或萊爾富，還要求殺價的吧？

堅持，爸媽必須堅定立場，這時不能再當傳統市場了。而孩子也需要接受，他現在進的是便利超商。

別讓孩子的信用被3C套牢了。

祕訣037

別讓「例外」變成常態

我們總是不斷與孩子在「時間」這一點上進行拉扯。明明在使用前約好了時間，為什麼每到使用後，就得面臨孩子的討價還價？這一點讓許多父母實在無法接受。問題到底在哪裡？是孩子估算時間總是拿不準？還是他先低估報價以求過關再說？或事後不惜厚臉皮地耍賴不下線、不繳械？

在使用3C這件事情上，我始終認為爸媽應該守住「第一次」的防線：說到做到，說收就收。

很多時候，情勢演變到後來無法收拾，往往就在於我們錯估了那第一次、又一次、再一次的「等一下」。與其說是心軟，倒不如說爸媽自己也覺得無所謂。無法履行的約定，就是在這樣一次又一次的「可以違約」下，讓孩子把「例外」當成「常態」了。

想想在過往與孩子的約定中，到底是哪裡出了問題？是孩子單方面的違約，還是父母本身根本也不在意？

你被孩子3C勒索嗎？

祕訣038

說到做到的經驗值

時間一到，便二話不說，乾淨俐落地信守承諾——這是我評估孩子與3C之間是否能夠保持安全距離、避免陷入沉迷的初期觀察指標。

使用3C，孩子得學習信守承諾。二十五分鐘就是二十五分鐘，時間一到便下好離手，別再有任何理由。

「我還沒好。」

「等一下下！」

「還沒結束……」

很抱歉，孩子，這是你在使用網路時，自己需要留意、估算及掌握的事。

關於孩子在玩網路遊戲時，不斷強調的「經驗值」，也要請他自行把時間因素考量進來。孩子必須有能力去預估自己玩遊戲預計花的時間，並徹底遵守。

延長時間不是不能談，但請學習留在下次「使用前」先說，以理服人，否則約好的時間明明到了，卻還不離線，這是沒有道理的。不是爸媽沒彈性，而是既然做了約定，就必須好好履行，這是3C給孩子最好的時間管理與信任練習。

秘訣 039

「例外」的理由得充分

那到底能不能有例外，把時間延長？

這個例外，應該要由孩子自己提出充分的理由，來說服爸媽，讓爸媽決定要不要點頭。

青春期孩子玩線上連線的多人遊戲時，特別容易發生這樣的狀況。眼見孩子和你約定的時間到了，但連線的遊戲尚未結束，這時離線，對於孩子來說不但尷尬，也有些困難，在遊戲中途退場，日後在網路上很容易變成黑戶，被大家拒絕往來。

要不要點頭？該不該答應？就看孩子有沒有道理。當然，這回逾時的部分，他得在下次加倍奉還，恕不找零。

秘訣 040

手足同步啟動

在演講中，我常常分享一件事：我們家的孩子與爸媽彼此之間的黏性很高，

你被孩子3C勒索嗎？

許多活動大都採取同步進行，以製造關係的互動與交集，連孩子使用3C時也是同樣的模式。

在啟動3C模式時，我們家三個孩子很自然地就會聚集在一起，分別或共同使用眼前的手機或iPad。關鍵在於當大家同步，在同一個空間裡，對於彼此正在進行的遊戲或Apps就有了相互分享的機會。

在這種情境下，孩子不至於網路超連結一按或Apps輕易一下載，越界進入不適合自己年齡該接觸的內容，在3C的使用上，很自然地也處在一個完全公開、沒什麼好遮掩的模式。

坦然、自律、守分際，我想這是放手讓孩子使用3C的基本要求。當然，設定好的時間一到，所有人都要遵守約定，統一離線，將3C繳回歸隊。

問題十一

【同儕關係的認同與比較】

可以讓孩子帶手機上學嗎？

「媽媽，我可不可以帶手機去學校？」小靚露出渴望的眼神，期待著你點頭同意。「媽──媽──可、不、可、以、啦？」

見你不為所動，孩子只好拉長音，試著讓你改變心意。

「為什麼我不能帶手機去學校？」關於這個問題，你實在懶得理。

「為什麼？為什麼？為什麼？」小靚仍不放棄。「同學們都有帶啊！為什麼就只有我不能帶？這樣真的很奇怪耶！」

「很奇怪？哪一點奇怪？」小靚這句話，正好踩中了你不以為然的底線。

「你是去學校讀書，還是去上班做生意？很奇怪？我看你們現在這些小孩才是很

你被孩子3C勒索嗎？

「奇怪！帶手機要做什麼？」你用力拋出這個問題，等孩子接招。

「可是，同學都有帶啊！」小靚試著強調這一點。

「同、學、都、有、帶，然後呢？」你眼神堅定地看著孩子。

「就只有我沒有，那不是很奇怪嗎？」小靚有些氣急敗壞地回答，因為帶手機到學校的要求，她已經不知道說多少遍了。

但顯然這個答案對你來說是弱了點，仍然無法說服你。因為你覺得，學校不就是上課、學習、和同學相處的地方？能夠面對面，幹嘛還需要手機？

「算了，算了，懶得跟你講了。反正再怎麼說都沒有用，老古板一個，根本不知道人家在想什麼。」小靚心灰意冷地說。

你還是沒有動搖，只是對「老古板」這三個字挺有意見的。

小靚不想說話了，正確地說，是不願再和你說話了，回房離去的背影有些消沉、落寞。但對你來說，似乎宣告著自己剛剛打了一場勝仗。

「帶什麼手機到學校？真的搞不清楚狀況。」

其實搞不清楚狀況的，也包括了我們自己。我們捍衛著一個信念：「上學幹嘛要帶手機？」但是對於當今青少年的互動生態，我們感到陌生，也不了解這種和他人不同、難以融入、有壓力的感受。

堅持合理使用3C與網路的祕訣指南

祕訣041　帶手機上學，要有理由

祕訣042　爸媽別成為始作俑者

祕訣043　對青春期的同儕壓力，多敏感一點

祕訣041

帶手機上學，要有理由

帶手機到學校？你和孩子都請給彼此一個好理由。

你被孩子3C勒索嗎？

給孩子用手機，當然需要理由，而讓國小的孩子帶手機到學校，更需要有合理的理由。

帶手機上學，上課其實用不到，除非孩子常常低頭思故鄉——滑手機。在學校要用手機查資料？說真的，如果老師採取數位教學，那麼學校總會有電腦、有網路讓孩子查資料。

下課時要看手機？孩子不是強調要和朋友聯繫感情嗎？上學時，同學、好友就在眼前，好好利用下課時間面對面交流，不是更好嗎？更何況，成長中的小孩多去操場、球場跑一跑、跳一跳，對於身高的發育、感情的維繫不是更有幫助？

或許孩子會說，在學校，大家都滑著手機在聊新下載的Apps，這樣可以和同學多多增進感情。這話乍聽似乎有道理，但怎麼能成為把手機帶去學校的理由？

若孩子想帶手機到學校，你們彼此都需要先釐清這麼做的真正需求。

「很多人都這樣啊！」「為什麼別人都可以帶？」

聽孩子如此質疑，往往也激得爸媽掰出許多歪理：

「很多人都在讀書啊！」「為什麼別人都可以考前三名？」

孩子當然不服氣，親子衝突就此爆發。

還有另外一個可能：是不是孩子想炫耀？若果真如此，請孩子把這份心思放在心裡，手機則放在家裡，別表現出去。

祕訣042

爸媽別成為始作俑者

比較尷尬的是正好相反的情況：是爸媽要求孩子把手機帶在身上，以便隨時追蹤、掌握、好聯絡。

雖然這讓父母安心了，有些老師卻感到頭痛，一是擔心手機帶到學校太招搖；二是手機在學校遺失了很麻煩；三是誘使學生上課不專心，盡是低頭滑手機；四是可能會上課偷拍，上傳到YouTube、FB。

我們的理由是：「如果有急事，至少可以聯絡。」但說真的，給孩子手機這些日子以來，到底有過哪些急事？如果真的很急，請老師幫忙借個電話或用電話卡總可以吧？

各位爸媽，請別讓自己成為麻煩製造者。

你被孩子3C勒索嗎？

祕訣043

對青春期的同儕壓力，多敏感一點

我們不能輕忽小孩想帶手機去學校這件事，特別是正處於青春期的孩子，其中還牽涉到同儕的壓力。

你可能會告訴孩子：「你管別人怎麼說！」但是很抱歉，在這個青春期的階段，同儕怎麼說，還真的勝過父母的想法。

請仔細聽聽小孩的想法，或許在孩子心裡，有著一些不為人知的困擾。

當然，許多事情並沒有絕對的可或不可，甚至教育部都訂定了《校園攜帶行動電話使用規範原則》，允許國中小的學生攜帶手機到學校，只是在使用時間上有些規範。

我想關鍵在於：孩子「想要」帶手機到學校，背後的動力是什麼？釐清這一點，也有助於我們了解現階段孩子的社群、互動及想法。孩子的理由，你是否全然相信，這當中也關係著你們彼此的互信。

或許我們可以轉個彎想一想：孩子沒帶手機去學校，到底會怎麼樣？如果換來的答案是「沒有手機好無聊」，那手機可千萬別讓孩子帶上學！

另一個重點是青春期孩子帶手機到學校，要他切換至飛航模式或上課關機，他能不能做得到？我想，一切都要回歸到孩子的自律能力，以及你對他的信任。

問題十二

手機到底是誰的？

【小孩有使用權，但是大人有保管權】

大兒子曾問我：「爸爸，你的手機什麼時候會換？」

這句話的弦外之音是：「舊的手機能不能留給我？」

我們常常在手機門號的綁約期滿後，精打細算一下是否有換機的可能或必要性，於是二機、三機、四機很容易在家裡囤積。既然放著也是放著，許多父母索性就讓孩子慢慢開始接觸手機、使用手機。

我家的情況也是一樣。

有時孩子會問：「我什麼時候可以有手機？」

這的確是個好問題，但是請仔細留意，孩子問的是「擁有」手機，而不是

「使用」手機。

在家裡，念國小的老大和老二接收了我和妻子的舊手機。名義上，這手機雖然是給他們的，但是在實質上，我還是必須保有保管手機的權利與義務。

當你給了孩子手機，這時，手機的所有權到底是誰的？由誰來保管？這當然就決定了孩子使用手機的權限、時間與內容。

父母可以介入到什麼樣的程度？別忘了，父母或監護人需要維護與保障兒童和青少年免於身心受3C危害。

面對沉迷手機的孩子，有些爸媽卻苦於無法將手機從孩子的手上收回。這是很殘酷的現實，經常發生在青春期孩子身上。

而現在，年齡愈往下修的例子也愈來愈多，比如我上大班的小兒子看到哥哥姊姊都有手機可以用，也露出了期待的眼神暗示我們：「我也想要有手機。」

無能為力，是爸媽們經常拋出的訊息。

當孩子手機收不回來，多少也暗示了親子關係的失衡。同時也在提醒著我們：孩子不把你的話當一回事。

你被孩子3C勒索嗎？

然而，孩子對你的指令置之不理，不會是從今天才開始。

你的態度不夠堅持，要收回手機，說歸說，但最後還是妥協放棄了。你擔心孩子發脾氣或情緒激烈失控，其實正陷入他的情緒勒索而不自知，當然，也可能是被情緒勒索卻無可奈何。

請千萬別小看「收不回來」這件事。這次無法收回，那下次你怎麼可能要得回來？別忘了，他現在可能只是幼兒園、國小或國中生。

根據《蘋果日報》一〇四年九月十七日的報導，教育部公布「中小學學生網路使用情形」最新調查結果顯示，「學生擁有智慧型手機的比率比去年增加，百分之九十三高中生、百分之七十八國中生及百分之四十八國小生擁有智慧型手機，擁有率比去年上升約百分之五至七。」

孩子能不能擁有手機？面對這些升高的數字，許多父母的血壓大概也同步飆高了。給，也煩惱。不給，也煩惱。

堅持合理使用3C與網路的祕訣指南

- 祕訣044　手機的保管權歸父母
- 祕訣045　小孩僅僅被授權使用
- 祕訣046　手機拿不回來的警訊
- 祕訣047　使用權限的評估

祕訣044

手機的保管權歸父母

這裡先撇開高中的孩子自行打工、存錢所買的手機，畢竟他是自己賺錢自己花用。要限制高中生買手機是很難的，的確也沒有必要。手機的所有權與保管權，理應屬於孩子。

然而，對國中、國小的孩子來說，必要時，父母仍需要擁有手機的保管權。

保管，不見得是要窺探孩子的隱私，偷看他的訊息、留言、交友或通話情況。保管，在於讓自律仍然有待加強的孩子，能夠與手機維持一種相互獨立的關係。

保管，也是在告訴孩子，他真的不需要那麼密集地用手機。沒有哪個孩子需要成天把手機掛在身上，機不離身。保管，也在提醒孩子，在這段期間，他該去做一些自己分內應該要做的事，讓心思先遠離手機。就像啟動飛航模式一般，別再掛念手機鈴聲什麼時候會響、哪個人又發了訊息或傳LINE。

保管，也在讓孩子練習，沒有手機的日子，他依然可以自在地生活下去。保管，更是磨練孩子時間管理的能力。保管，並非對孩子全然地不信任，但我們心中多少有一些遲疑，所以手機最好還是放在爸媽這裡。

對於自律仍處在發展中的孩子來說，玩手機普遍具有絕對的強效吸引力。使用後，統一歸父母保管，讓孩子的專注力和心思回歸生活與學習，是必要的堅持。畢竟手機的魅惑力真的太強了，就連許多成人都無法克制，更何況是孩子。

秘訣045

小孩僅僅被授權使用

一旦給了孩子手機的「所有權」，會讓孩子直覺認為：「既然手機是我的，當然就歸我保管。」但是對於心智未成熟的孩子來說，把誘惑隨身攜帶，實在是太大的挑戰了，孩子很容易與手機陷入「熱戀」，不想它也難。

當戀情燃起，很容易一發不可收拾。縱使爸媽不接受這段感情，但很抱歉，孩子已經和手機難分難捨，很可能陷入沉迷，甚至成癮。

要是時間可以回頭。我寧可在當時告訴孩子：

「當你要使用時，再向爸媽借。」

也就是說，手機的所有權還是爸媽的。欣慰的是，截至目前，孩子們仍然可接受託我「保管」。

秘訣046

手機拿不回來的警訊

親子之間並非是一場零和的競賽，爸媽也不需要總是高高在上，要求孩子配合、聽從。而遺憾的是，手機拿不回來這件事，很明確地透露了一個訊息：爸媽落在敗部的局勢。

因此，你真的也別考慮一次就想要把手機收歸國有。手機拿不回來？那麼就讓我們先拋開拿回來的想法，去接納手機在孩子身上的事實，畢竟當下要採取激烈手段取回手機，並非明智之舉。更何況，現在的情況是你想拿，還拿不回來。

當你遞手機給孩子時請三思，除非你有自信能收得回。手機不壞，但處理得不好，很容易讓親子關係變壞。

讓我們轉個彎，重新思考一下：孩子「機不離身」代表了什麼訊息。我們需要重新釐清手機對孩子所隱含的意義——是社群人際？是聲光刺激？是自信象徵？還是成就動機？這多少能告訴我們，為何孩子與手機形影不離。

祕訣047

使用權限的評估

有時你會發現，孩子在等待你同意他用手機之前，情緒表現往往是愉悅、笑容滿面的，說話時也輕聲細語（吵著跟你要的先不在此列）。但是，當使用時間到，必須歸還手機時，請注意他的情緒是否容易轉為浮躁、易怒、不耐，或說話態度不友善。

如果答案是「YES」，這時，==建議你先暫停開放孩子玩手機的權限。==

關於使用手機所導致的親子衝突，有一部分往往在於孩子未遵守原先的約定。例如使用時間到，卻總是心不甘、情不願，且愛還不還地拖延時間；或原先表示是要用手機拍照，最後卻玩起遊戲來。

承諾與信任的遵守，也決定著孩子下回能否獲得使用的授權，關於這一點，爸媽需要徹底進行徵信及評估。

問題十三

你知道孩子都上哪些網站嗎？

【網路內容的規範與界線】

在一次偏鄉地區早期療育跨專業團隊進行「到宅服務評估」的過程中，有一個畫面令我印象非常深刻。當團隊裡的治療師、心理師、特教老師及社工等進入個案（五歲男孩）的家中，孩子立刻引我們到房間門口，這時，電腦螢幕顯現的是兒童不宜的打殭屍遊戲。

在眾人瞠目結舌地圍觀下，小男孩坐到螢幕前，開始俐落地展現他打殭屍的功力。爆頭、噴血、爆漿、噴汁、噁心到極點，當下讓我感到極度不舒服，反諷的是，眼前這個孩子卻樂在其中。

重點來了，當開始進入各項專業的評估，無論是針對認知、語言、粗動作、細動作、社會情緒及日常生活能力，眼前這個打殭屍小男孩卻呈現出和一般孩子極大的落差，各領域的發展明顯落後——除了打殭屍之外。

這一刻，我們深刻感受到父母放任不管的下場。

當爸媽放任孩子在電腦螢幕前打殭屍、打殭屍、打殭屍，又該如何期待這個無辜的小男孩能有美好的發展與未來？

同樣的問題，不只發生在偏鄉。

把鏡頭拉回都會裡，從學齡前開始，年齡不斷向上提升，類似的情況比比皆是。爸媽除了放任，當然還包括對於孩子使用網路內容的陌生，不知道他在瀏覽什麼網站、沉迷哪些線上遊戲。

說真的，有些爸媽只能遠距離地望著電腦螢幕前孩子的背影，雖然孩子近在咫尺，但感覺卻十分生疏、陌生。特別是家有青春期的孩子，他們很忌諱且敏感於父母的介入與干涉，甚至會提醒你：「我在打電腦，不要來吵我！」你自然也沒機會去了解孩子在電腦上到底在搞什麼東西。

在點指之間，世界就可以彈跳至無遠弗屆，網路的威力與魅力也在這裡。但

你被孩子3C勒索嗎？

是，也因為網站之間的切換太過於神速，因此我們必須留意孩子上網的細節。一旦完全授權或放任，讓孩子無國界般地穿梭在浩瀚的網路世界，或任他關起門，全神貫注在你所未知的網站之間，這當中所隱含的高度風險是所有父母都必須正視的。

你知道孩子在上網，但同時你是否知道他到底流連在哪些網站？放手，並不等同於放任孩子在網路世界無止境地漫遊。

你一定要知道，並且適時掌握孩子所使用的網路內容。

堅持合理使用3C與網路的祕訣指南

祕訣048 確實掌握上網的歷史紀錄

祕訣049 玩網路遊戲是有限制的

祕訣050 聲光刺激的危害，注意！

祕訣048

確實掌握上網的歷史紀錄

對於未成年孩子來說，使用哪些網站，這已經不是隱私不隱私的問題，而是家長本身所需要承擔的管教責任。當孩子要下載Apps前，是否需要先獲得你的授權及驗證？至少要確認所下載的遊戲或Apps是否適合當下孩子的年齡。

以我自己為例，在家裡對小孩用３Ｃ有個基本原則：孩子需要先告知所要下載的Apps，並同時取得我這個爸爸的授權。有一些超齡、不適合的Apps或線上遊戲是絕對謝絕參觀的。

雖然凡走過必留下痕跡，雖然網頁上的「歷史」會顯示所有瀏覽紀錄，這是使用電腦網路的基本常識，但請你也別忘了，聰明的孩子也更懂得清除最近的歷史紀錄。

孩子都在上什麼網站？是遊戲網站？社群網站？還是看色情影片？暴力影片？是知識訊息的搜尋？或是不停下載Apps？我們必須加以掌握。

祕訣 049

玩網路遊戲是有限制的

如果是國小及學齡前的幼兒，當孩子想要用手機或平板電腦玩遊戲，在玩之前，試著先讓他清楚地告訴你，他想要玩的遊戲是哪一款。最好的情況是，父母也清楚孩子在玩的遊戲內容。另外，透過手機、電腦進行遊戲時，建議盡量以單人單機內容為主，不做多人連線的網路遊戲。

當孩子鎖定好遊戲內容之後，也要讓他估算預計進行的遊戲時間，接著就僅能在這單一的遊戲中進行，不能做另外的遊戲切換。

或許孩子會抱怨：「爸媽，你們怎麼管那麼多？」

沒錯，這就是遊戲的規則之一。我們就是不想讓孩子在網路上漫無目的地閒晃。網路不只如虎口，更像到處充斥著誘惑的叢林！孩子要玩什麼，就清楚向爸媽說，這是不變的原則。

祕訣050 聲光刺激的危害，注意！

為什麼留意孩子所玩的網路遊戲內容很重要？

這是因為每個小孩流連於網路世界的因素不盡相同。特別是對於專注力差的孩子來說，網路遊戲中的聲光刺激的誘惑，就足以讓他耗盡許多精神、心力與時間在上頭。

聲光刺激的不斷放送，讓孩子有種錯覺與假象，認為自己可以維持優質的專注力在上頭。「我也能專心！我也做得到！」沒錯，在聲光世界裡，專注力差的孩子正以平日少見的續航力在遊戲中埋頭苦幹，破關再過關，過關再破關。

而這種對於聲光刺激的需求及滿足感，在孩子心裡往往凌駕了其他事物的重要性，尤其是需要計畫、思考、組織、推理等傷腦筋的事，統統被他先拋開到九霄雲外再說。

想想，孩子終日暴露在聲光刺激之下，然後呢？對於他的身心發展有什麼好處？而更令人擔慮的是，這一切聲光刺激所帶來的副作用，是否會讓孩子更沉不住氣。

你被孩子3C勒索嗎？

祕訣051

預防青少年「網路破窗」

青春期孩子特別強調自主性，當他在上網時，總是會要求爸媽別插手。有些孩子會和你和稀泥，讓你搞不懂他到底在做什麼。有些孩子則強烈捍衛自己所謂的隱私，因此，你也別想知道他到底在做什麼。

針對這一道防線，爸媽該不該堅守？該不該捍衛？

答案當然是肯定的。

在我的經驗中，和青少年溝通有一個大原則，就是彼此把話說清楚。他可以說需求，你可以提立場。他有他的原則，你有你的立場。自主性、隱私權、規範與界線，彼此攤開來說清楚。

讓孩子知道，你並非是要侵犯他上網的個資。我們倒不是要跟著孩子諜對諜，但允許孩子接收什麼樣的內容，這是在使用網路之前，彼此必須信守的承諾與底線。否則孩子網路破窗了，越過了他的心智成熟度可以承擔的界線，隨之而來的是色情、暴力、攻擊、謾罵等心靈汙染……實在很難想像網路將對他產生什麼樣的影響。

一旦沾染了，要再洗刷、引導回合宜的價值觀，將要付出極高的成本與代價。

當然，我們也別只是扮演「網路道德重整委員會」，為反對而反對。我們也會遇到窘況，對於孩子正在上的網站內容一知半解，這時，請放下身段，真誠地詢問孩子這些內容到底是在說些什麼，也請他們以比較簡單的方式讓爸媽明白和理解。

也可以請孩子分享某些遊戲、程式和Apps吸引他的地方。必要時，爸媽偶爾下場體驗，也能讓自己更加進入狀況。

有時，不妨讓孩子來教我們如何使用３Ｃ。孩子教，大人學；孩子說，大人聽；孩子示範，大人演練，這樣的角色互換，往往會帶來意想不到的效果，使親子關係漸漸拉近。

當你想知道孩子正在關注的事物時，他是很樂意分享的，這我可以做見證。

以我和自己的孩子為例，只要我願意開口詢問，請他們介紹或分享自己熟悉的Apps或遊戲，孩子是非常樂意的。

祕訣052

掌握使用的功能定位

記得我最早是把門號綁約期滿而更換的iPhone手機（沒有SIM卡）給大兒子用。當時最主要的目的是讓喜歡記錄火車的他，可以逐漸善用這個媒介來拍照或錄影。

關於孩子使用手機的功能定位，我主要是設定在記錄日常生活，就像擁有一台數位相機一般好攜帶。至於遊戲軟體Apps的下載，則淺嚐即止。偶爾連線上網，讓孩子瀏覽學校網頁，或在YouTube上尋找自己感興趣的影片。

手機，真的不壞，它讓大人、小孩多麼愛不釋手，隨身相伴。然而，當孩子在使用手機時，他到底是在做什麼？玩什麼？是下載Apps、玩網路遊戲、上社群網站、做心理測驗，還是錄影照相、搜尋資料？有連線、沒熱點是否有差別？智慧型手機和一般型手機，孩子的所愛差別何在？為什麼一定要追求新款？

我們必須隨時掌握孩子使用手機的行車狀況，這一點，父母絕不能偷懶。手機無所不在。圍堵，只會激起孩子更多的想像，和更大、更強的「想要」的欲望。當手機在眼前，孩子仍然能夠心不浮、氣不躁，優雅地面對，那當然最好。

手機，也可以成為孩子自律的一種鍛鍊，而要做到手機在前時面不改色，態度如此收放自如，則需要漸進地練習。

遠離網路成癮第3部

了解沉迷的關鍵因素

問題十四

別讓孩子有了手機，就對世界失去了興趣！

【只愛玩手機】

「爸爸，你今天有沒有要出去？」我家大兒子常這麼問。

他的意思倒不是：「爸爸，你今天要不要上班？」每天的工作行程，我大多會在前一天先向家人預告。

大兒子這麼問，大都是想知道：「爸爸，你今天有沒有要去哪裡玩？」

沒錯，就是「玩」。我經常在演講中分享，我常把生活與工作看成是一種玩，或者說工作像玩，生活也在玩。玩出愉悅，玩出樂趣，玩出對周遭事物的興趣與活力。

ＦＢ的朋友們大都熟知，我總愛稱自己是「史上最愛移動的心理師」。這一點，要感謝各地鄉親朋友們的熱情邀約，讓我這麼多年下來，能夠累積在各地進行演講分享的一千多場經驗。

由於自己有機會因為演講到各地走走，我也期待把這份「玩」的心情和孩子分享，因此，「玩」在我們家是非常日常、說走就走的一件事。在蘭陽平原上，一轉身，美景就在眼前，這也是在宜蘭生活的福利。

我是一個愛玩、愛四處移動的爸爸。由於工作屬性及方式，年度工作和休息時間與一般上班族不太一樣。很慶幸的是，我可以擁有自我時間的調配。這些年，我有一項堅持：就是盡可能維持一個較為完整的寒假及將近一個月的暑假，可以休息。在這段期間，心理治療所、演講、校園服務等，都轉為休眠模式。

孩子們當然也同步放假。

家中的「三好米」（我對於三個孩子的暱稱）都是讀同一所幼兒園。從一開始我就和幼兒園溝通，每年國中、小學的寒、暑假，我都會比照辦理，讓孩子休長假，這種默契一直維持至今。由於孩子平時沒有上安親班，往往在放學後、我的工作空檔或長長的假期中，孩子們大多數時間就是玩玩玩、玩玩玩，一直玩，

你被孩子3C勒索嗎？

一直玩。

我常分享一個觀念：「你不一定要環島，但一定要陪孩子去旅行。」

FB上的朋友們大概都知道我們家很愛環島。這些年的寒、暑假，我們已前後環島了十回，一整個繞圈圈的概念。

為什麼這麼熱衷於環島？一是由於妻子的娘家在高雄，從宜蘭到高雄與其往西部原路來回，倒不如環島繞一圈。另一方面，環島這件事，也讓我陶醉在像拍公路電影的氣氛中，隨時有新的激盪，並且讓全家有長時間的相聚交集。更重要的是，家中三個孩子在成長過程中，對於這一塊寶島土地上的人、事、物，能夠有更細微的接觸、認識及貼近，進而產生關心、關注與關係。

「爸爸，你今天有沒有要出去？」這是個好問題。

出去玩的時候，大人、小孩的心思落在即將前往的地方，和當下的所在。不知不覺地也讓3C處在休眠中，較少被注意。

你今天出去玩了嗎？

替代3C與網路需求的祕訣指南

祕訣053 出門做放山雞，好過變飼料雞
祕訣054 多帶孩子出去玩吧！
祕訣055 留意孩子的問話
祕訣056 人生要超越螢幕解析度
祕訣057 化為貼身好幫手

祕訣053

出門做放山雞，好過變飼料雞

孩子需要暫時對3C關上大門，至少，讓注意力飄移到「即將出門」這件事。當爸媽選擇宅在家，孩子依樣畫葫蘆，同樣也會選擇留在舒適圈裡，窩在家。在家不是不好，而是遇見3C的誘惑就很高，3C不時發出聲聲呼喚，魅力

你被孩子3C勒索嗎？

無法擋。

你可能會有微詞：「心理師，我的孩子哪是你叫他出門，他就會跟你出門的，沒那麼簡單。」

就是因為沒那麼簡單，所以我們才需要一步一步創造孩子的需求，慢慢把孩子引、出、去。

抱怨，很自然，但抱怨只會讓問題在原地打轉，而且只會使人愈陷愈深，解決不了任何事。既然如此，抱怨顯然不是一門好生意。如果你期待孩子脫「癮」而出，讓生活重新回到正常的軌道，那就別再抱怨了。

玩真的得玩出習慣、玩出興趣，並玩出活力。

倒不是窩在家裡不好，但是除非家庭活動有許多變化，例如讓孩子參與做料理、陪伴寵物、澆花灑水、清洗水族箱……不然，出門還是一種比較明顯的情境轉換選擇。

你希望孩子的成長像是放山雞，多接觸大自然，在寬廣的世界裡奔跑，滿足他對於視覺、聽覺、觸覺、味覺、嗅覺等五感的好奇？

還是像隻飼料雞，窩在有冷氣、空調、保持恆溫，充斥著３Ｃ的室內空間裡，被無限寬廣的網路所束縛？

祕訣054 多帶孩子出去玩吧！

我很喜歡欣賞ＦＢ上，許多家庭的出外旅行紀錄。出去玩吧！你的孩子——還有你自己，有多久沒看見海，多久沒親近山了？讓孩子去聞一聞海的氣味，任海風吹拂，讓他有關於海的記憶、海的回味。

看看河流和溪水吧！基隆河、新店溪、大漢溪、淡水河、頭前溪、大甲溪、濁水溪、八掌溪、曾文溪、愛河、高屏溪、卑南溪、秀姑巒溪、蘭陽溪、宜蘭河……遙望溪流的上游、下游與悠悠蜿蜒的水流，自然容易忘卻３Ｃ。

往山裡走去吧！台灣的高山之美令人流連往返，但你不一定要攀爬三千公尺的高山百岳，走向自然吧！林道也好，步道也行，山林之美不只是視覺饗宴，和孩子一起共享山林中的蟲鳴鳥叫，細細地品味花草樹木。眼前的自然質地，勝過各大廠牌的螢幕解析度。

出去玩吧！散散步也行。讓孩子縱情於踩踏之間，在自行車的輪轉之下，對於3C的依戀也比較容易煙消雲散。

祕訣055

留意孩子的問話

我很欣喜，在放假的日子裡，小兒子起床後不是問：「爸爸，我今天能不能玩手機？」而是：「爸爸，我今天能不能去外澳？可不可以去餵魚？」

請你也回想一下放假時，你的孩子起床後是怎麼開口問你的。

這可以算是一項指標，反映了孩子當下的關注焦點。

年紀小的孩子，多引導他將注意力放在大自然，在他的記憶裡儲存一些微風拂面的涼爽喜悅，以及陽光灑落在身上的暖暖溫度。讓他親眼看看稻田播種、插秧、耕耘和收割的水田，白鷺鷥優雅徜徉其中，還有聞一聞泥土與稻禾的味道。

我們選擇讓孩子接觸多大的「螢幕」，也就開啟了孩子日後多大的視野。

秘訣056

人生要超越螢幕解析度

猴年春節期間，在國光號客運閒置已久的宜蘭市台汽舊站，縣政府的「歡樂宜蘭年」在此舉辦，同時規劃為「宜蘭幸福轉運站」，當中有報廢公車變裝的可愛長頸鹿、大象的裝置藝術，及幸福巴士。由於這裡離家很近，有回我和妻子帶著孩子前往，望著孩子穿梭其間歡樂玩耍的景象，我也在FB的塗鴉牆上po了照片，並留下這一段話：「童年，可以多一點顏色。待長大以後，好回味。」

真的，對於我來說，身為父母可以為孩子做的，就是讓他們的童年多一些繽紛的顏色。而這些色彩來自於他們成長中，生活周遭的經驗，及大自然與人文的體驗。這一點，絕對不是3C產品的螢幕所能提供與滿足的。

回味，需要切切實實的生活經驗，才夠滋味。

讓孩子從細微觀察裡展現對事物的樂趣，這件事需要我們先示範。一朵花，你試著以十種拍法：遠拍、近攝，上下、左右或前後，主體或背景，清晰或模糊。讓孩子在周遭的事物中，找到或感受到那股細膩。

讓孩子的眼光超越螢幕解析度，為生活多添一些現實的色彩。

你被孩子3C勒索嗎？

秘訣057

化為貼身好幫手

這世界是個無邊界的寬螢幕，值得讓孩子細細品味。在旅行中，手機也扮演了貼身的好幫手。以我自己為例，除了聯繫、影像記錄、FB貼文分享之外，也可以上網了解相關行程的細節。

寒假期間的環島第十回出門前，我主動提醒念小六的姊姊與小四的哥哥記得帶手機。大班的小兒子則自備了一副小的望遠鏡。孩子所帶的手機沒有SIM卡。提醒他們攜帶，是想讓他們用手機來拍攝、記錄，旅途中所關注的人、事、物。照相與錄影，一直是我將舊手機轉交給孩子的主要考量，不過，平時保管的責任還是在我身上。

當然，孩子多少會期待能夠擴充手機的功能，讓他們可以多一些娛樂，也比較好玩，因此除了手機的照相與錄影，有時我也會透過熱點分享，讓他們上網觀看影片、玩小遊戲，或下載有意思的Apps。

即使如此，我還是會隨時留意孩子在九天八夜的逆時鐘環島旅行中，如何與手機保持乾淨俐落的關係，避免他們放錯焦點——我們是旅行，不是滑手機。

「透過手機，可以讓孩子對這個世界更感興趣。」這樣的觀念，我們必須要翻轉。

我一直很留意，可別讓孩子有了手機，就對這個世界失去了興趣，尤其是這個看得到、聽得到、摸得到、聞得到、嚐得到，需要實際去體驗的現實世界。

孩子需要與真實世界彼此互動，常相聯結。別讓孩子把螢幕裡的世界，當成是全世界。

問題十五

【心理投射與角色認同】

你可以追韓劇，孩子不能追動漫？

諮商室裡，眼前高中生的臉龐顯得憔悴，表情平板，沒有太多的情緒反應。這孩子有些精神不濟，看起來很疲憊，多數時間顯得沉默，只以略顯無神的目光直視著我。依往例，我知道，這樣的孩子我不問，他不會開口；就算我問了，他也不見得有多少回應。

被動、不說話加消極反抗，往往是許多非自願被轉介出來的孩子常有的一致反應，有時，對於心理師的提問頂多一個句點就結束。

從轉介的基本資料中發現，這個大男孩原先並不是這個樣子的。前一、兩個學期，他在班上的成績總是在前三名之列。

學業當然並不等同於全部，而且我多少推敲得出來，對現在的他來說，課業恐怕已經不是重點了。孩子關注的事物轉移了，對於課業早已不聞不問，把大部分的時間都投注在令他著迷的「動漫」。

「你現在正在追哪一部動漫？」

話題一切入「動漫」這個關鍵詞，大男孩的眼神瞬間轉為明亮。我知道自己調對了頻道，動漫開啟了兩人的對話，取得了讓孩子願意開口的授權碼。

「來吧！你說說看，我上網來查一下。」我邊說邊拿起手邊的iPad。孩子原本僵硬的肢體瞬時輕鬆放軟，姿勢微微向前，距離心理師又近了一些，

我可以感受到他的興致勃勃。這副感興趣的模樣，就像我們跟朋友聊起韓劇、日劇時一樣。

他的話匣子打開了，對於目前所追的動漫神采奕奕地侃侃而談。許多動漫對我來說是陌生的，有些甚至到今天才聽說。但我心裡能接受，畢竟這個世界真的好廣、好廣，每個人所關注的焦點終究不一樣。很謝謝這孩子讓我開了眼界。

這個大孩子昨晚應該沒睡好，但只要切到動漫這一塊，立刻便可以發現他很

你被孩子3C勒索嗎？

努力撐著，讓自己活絡起來。

看得出來，他非常鍾情於動漫，這很自然，我們也曾經為一樣事物如此著迷過。

只是很弔詭的，大人自己追日劇、韓劇、大陸劇或本土偶像劇，都追得理所當然，但是看待孩子追動漫，卻往往感到不以為然。

當孩子沉迷於動漫，我們該如何看待？

替代3C與網路需求的祕訣指南

祕訣058 謝絕兩套標準

我們總認為，做學生就應該要有做學生的樣子。而大人因為已經把「學生的樣子」設定在學業上，所以只要任何讓爸媽覺得威脅到課業的事物，一律都加以封殺。

花時間看動漫？拜託，學測、統測不考這些吧！太耗時間了，不行！我們認為這有「傷」課業。

可是我們大人追劇呢？理由不外乎是：當作下班後或做完家事的休閒消遣，放鬆、放鬆。

那孩子追動漫呢？你可能會說：「唉喲，反正就是不適合啦！浪費時間。」

你被孩子3C勒索嗎？

我們支吾其詞，說不出個所以然。

大人、小孩兩套標準，這是親子間在使用3C的溝通上經常談不攏的原因，同時，也是令孩子不服氣的地方。

關於標準的「一致性」，父母請多多思考。

祕訣059 避免以偏概全

「任何事物都有它存在的意義。」我常在心裡這麼告訴自己。

你急著要強迫孩子遠離動漫，他反而可能會脫口問你：

「你知道什麼是《無頭騎士異聞錄DuRaRaRa!!》嗎？」

「你聽過《進擊！巨人中學校》嗎？」

「你總該聽過《監獄學園》吧？」

孩子劈里啪啦講了一長串片名，你卻連一個也沒聽過。

視頻網站何其多，所播放的電視劇、電影和動漫影片種類更多，我們當然不可能什麼都懂，甚至可能連聽都沒聽過。而那些青少年口耳相傳的視頻網站：優

酷、奇藝、PPS、土豆網、Oii動漫網、伊莉討論區等，對於爸媽來說也很陌生。

先別認為孩子在挑戰你。

雖然你可能無法接受他說話的語氣，但是請少安勿躁。其實孩子正在表露一個訊息：別以偏概全，全盤否認他所接觸的東西，至少爸媽也得先搞清楚再說，否則一點都沒有說、服、力。

如果我們對於孩子目前所追的動漫一無所知，對他當然也就無從了解，無從介入。

秘訣060

承認自己的有限，展開親子的無限

我們必須要承認，關於動漫、關於網路、關於遊戲，其實我們懂的不多。

父母千萬別不懂裝懂。勇於承認自己的不足，我想這是給孩子最大的善意。

特別是對於青春期孩子來說，最無法忍受「明明你無知，卻又要裝成什麼都懂」這件事。

當孩子發現你接納他看動漫，可以感受到你試著想了解他、知道他所關注的事物。而一旦親子之間、師生之間有了交集，彼此產生共鳴的那一天也不遠了。

在心理諮商與治療這條路上，眼前所服務的孩子們，對我來說也是某種程度上的老師。無論大人或小孩，每個人都有他所關注的領域、擅長的事物及知識的範圍。面對孩子，請別只是想以年齡（年資）、身分（輩分）來壓制他們。

我常常感恩，對於社會上所流行的事物，很多都是第一時間從自己的孩子，以及校園、社福機構、心理治療所等服務的兒童、青少年中所得知或了解的。他們就像一扇扇窗，為我們展現了充滿奇趣的新穎世界。

祕訣 061

聆聽孩子追逐的關鍵元素

想想你曾經追逐的《後宮甄嬛傳》、《瑯琊榜》、《麻醉風暴》、《出境事務所》、《我可能不會愛你》、《犀利人妻》等戲劇，當時吸引你日以繼夜收看的動力在哪裡？青春期孩子迷動漫，也是同樣的道理。

聽孩子聊聊吸引他追那部動漫的關鍵元素。有時孩子是從動漫的角色中，嘗試尋找自我認同，或故事內容有他所渴望的地方、期待的未來，當然，也可能有現實生活中的無奈。若孩子願意和你分享，請你傾聽看看。

祕訣062

作家筆下的世界

你可能擔心孩子現實和虛擬不分，太過於投入，而混淆了界線。憂慮他認為網路世界才是屬於自己的世界，而無法順利跳脫。

當然，我們需要讓孩子知道，在關上電腦那一剎那，動漫就結束了。動漫一集又一集，終究有完結篇，而這些完美的境界、角色與內容，也是來自於畫家、作家筆下的描述。

動漫，終究是動漫。

我們難免憂慮，部分動漫在暴力與色情上的過度描述，可能會讓孩子失去了界線，進而仿效。不妨和孩子一起討論所謂「基本界線」的界定，像暴力、色情、血腥、煽情等內容，他是如何看待的。

祕訣063

支持動漫的力量

爸媽的支持，陪伴著孩子進入動漫世界，從孩子的角度一起萃取動漫角色中的正向元素與特質，也可以藉此引導孩子了解他「自我接納」的程度。自己與喜愛的角色之間有多少重疊？同時也能和孩子分享，從動漫中學習判斷、組織、分析和推理劇情的能力。

至於離線後的「不適」滋味，曾經追過電視劇、影集的大人，應該都有共同的經驗。難耐、期待，是非常自然的感覺。雖然劇永遠看不完，但我們可以細細地品味、消化及沉澱。

孩子追逐動漫、沉迷動漫，其實也提醒了我們，要留心他的注意力與時間的分配。拿捏好分寸，如何不讓觀看動漫打亂日常生活的節奏，這是我們可以讓孩子了解的。

動漫，一定有其誘人的正面特質，也可能是孩子紓解壓力、激發創意與靈感的來源。父母可以同意及支持，但是，請在合理的時間範圍內。

你被孩子3C勒索嗎？

問題十六

【培養壓力因應與調適能力】

線上遊戲能紓壓？

我稱她為「打LoL女孩」。

高三學生總是將「倒數計時」掛在嘴邊，雖然明知愈數愈有壓力，但統測、學測帶來的沉重考驗，讓人就怕考試結果有所不測。

她每天的生活，就是固定開啟的三大模式：學校——補習班——電腦網路。

白天在學校，說是補眠也好，掩飾也罷（埋頭於補習班的講義），教室裡，她上著自認為對往後統測、學測無益的課，「浪費時間」四個字，總是盤踞在她心頭。但是為了避免曠課、扣考、畢不了業，她索性就讓自己腦袋放空，維持低耗能。

放學後，她轉換到補習班，這裡一直有股肅殺之氣，前後左右感覺都是「刺客聶隱娘」。他們都是未來考場上，與自己捉對廝殺的狠角色。她總認為自己會敗在這群人手中。台上則是號稱「名嘴」的老師以秒速及無法嚥下的大量內容，硬塞到自己的腦子裡，反而使她提取的速度變得更慢。

但說實話，對女孩來講，補習班是「安心」的所在，可以安慰她那忐忑不安又浮躁的，不知該如何準備考試的心。或者直說，就是一種保平安的概念：有「補」有保庇。

但這些都不屬於她。回到家，她洗淨疲憊的身軀，以消夜、零食犒賞自己，接著很本能地開啟電腦，連上「英雄聯盟」遊戲，進入一天裡她最期待、也最放鬆的一刻——愈夜愈美麗的「打LoL時間」。

在這段打LoL的時間裡，根本沒有人會提到考試，她也可以不用去聽爸媽的嘮叨，他們嘴上永遠掛著：「好好準備考試！」

時間，在這裡似乎是不存在的。

與其說，「打LoL女孩」喜歡在「英雄聯盟」中對戰，倒不如說，同時開啟聊天室是她的樂趣所在。

有時在遊戲大廳裡，她會逐一搜尋好友名單，找朋友聊天。聊天可以讓自己感到放鬆。儘管聊天的內容言不及義、阿沙布魯，這些都沒有關係，這樣的對話，反而可以讓自己的腦袋放空。只是這一放空，也讓她連帶地把白天教室裡、晚上補習班的上課內容一起變空了。也好，腦袋空空的，說不定明天可以裝進更多的訊息。

邊打LoL邊聊天，陪伴她度過了無數的夜晚，時間像離地三尺般地飄著，不知不覺間過去得無聲無息。天一亮，又要開始倒數：一〇八天、一〇七天、一〇六天……

打LoL看似讓心情放鬆了，但是說真的，女孩感到愈來愈焦慮不安。特別是每回下線之後，才驚覺自己實在花了太多的時間在線上。

電腦螢幕旁，堆著一落一落的考試用書、評量、測驗，以及明天要交的報告、考試簡章和報名表等，心早已疲憊，眼前一片模糊。

「打LoL女孩」也深刻明白自己是在逃避眼前的現實壓力，尤其每當夜深人靜離線時，那種感受更明顯。

準備考試有壓力，不準備一樣有壓力，或者乾脆說，打從國中開始到現在高中快畢業，壓力從未消失。無論升學形式如何改變，無論少子化多麼堪慮，無論又有哪些大學被警告即將退場或合併……升學的壓力，仍然無所不在。

替代3C與網路需求的祕訣指南

祕訣064 任何娛樂都要均衡

祕訣065 確認壓力源，尋求解套方法

祕訣066 幫到忙vs.幫倒忙

你被孩子3C勒索嗎？

祕訣064

任何娛樂都要均衡

許多面臨升學考試的孩子，在整個時間組合裡，學校與補習班已經占了很大的比例，至於課有沒有聽進去、書本裡的文字有沒有讀進去，再說。除此之外，你還期待她回家後，能把握時間再多念一點書。

但是，背負著考試壓力的孩子可能會表示自己需要放鬆，而滑手機、玩平板、上網，是許多人首選的放鬆之道。

然而值得深思的是，放鬆之後呢？如果對於更重要的事有幫助，例如能為準備考試帶來能量，這當然是好事。就像孩子會告訴你，3C會讓他放鬆，是紓解壓力的好方法。

考試的孩子最討厭被這麼催促：「把握時間，好好看書，準備考試。」但為人父母總是愛講。

「誰不知道要好好利用時間看書？那你來準備啊！看你會不會有壓力。」這是生活緊繃的第一線考生心裡常有的吶喊。

線上遊戲作為一種紓解壓力的方式，沒有絕對的對錯。在英雄聯盟對戰中與網友的私聊，的確可以讓孩子暫時拋開課業上的壓力。關鍵在於，當心思與時間太過於投注在此，青春期的孩子是否可以抽身？還是會招來更多的壓力？

其實選擇放鬆的方式，有一個很關鍵的考量，那就是避免因為選擇了A放鬆，而換來B的負面後果。不管用什麼方式都只有一個重點：適度。過與不及都不是好事。

我們要提醒自己，打LoL遊戲本身沒有錯，重點在於孩子當下有沒有本錢（例如有多少時間、考試的準備進度、自律的特質、心情與思緒轉換的功力等），能讓打LoL這件事為自己帶來加分的作用。

一〇五學年度大學學測成績公布後，《中央通訊社》有一則新聞標題：「花蓮高中二人滿級分　課餘打LoL紓壓」。值得注意的是，報導內容提及了：「雖然課餘時間玩線上遊戲，但不算宅男，也喜歡戶外活動。在家裡上網玩遊戲都在兩小時左右，因為父親將電腦設密碼，不能隨時上網。」

娛樂的均衡及有限的上網時間，是很關鍵的因素。

祕訣065

確認壓力源，尋求解套方法

當孩子表明玩線上遊戲是種放鬆和紓壓的管道，同時也在提醒我們，孩子在這段期間是有壓力的。

找出孩子的「壓力源」是個關鍵。

因為唯有先確認壓力源是什麼，才能對症下藥、鎖定目標，聚焦解決問題。

例如，孩子本身的壓力在於數學和英文的基礎概念薄弱，這時，除了平常做好壓力紓解之外，更關鍵的因素在於如何解決問題，也就是針對數學、英文進行補強。

否則，LoL打完了，第二天，數學、英文的無解還是擺在眼前，問題仍然存在，壓力當然就繼續周而復始地出現。結果孩子繼續打LoL，數學、英文也依然繼續無解，唯一改變的只有上網練功愈打愈勤。

確認壓力源，尋求解套，總比我們在一旁發牢騷要好。

「你要再認真一點！」跟孩子嘮叨這些話「有害無益」。有時關鍵不在於孩子需要更認真，而是面臨了困難，卻不知道該從何改變起。

如果孩子的壓力源，來自於未斟酌自己實際的能力落點，而對考試結果出現不合理的過度期待。這時，在協助的重點上，要聚焦在如何合理地調整想法及選填志願。

扭轉不合理的想法，與積極透過線上遊戲來放鬆，這兩者也可以同步進行。只不過畢竟是高三了，因此上網的時間不宜太長。

如果壓力源在於考試期間，缺乏人際支持，孩子可能會忍不住抱怨：「大家都在準備統測、學測，自顧不暇，誰還有那個時間去理你？」可以理解與預期，孩子的心思將轉到網路上面，畢竟在遊戲中，可以第一時間取得網友的支持、溫暖與關注。

不希望孩子花太多時間上網？除非我們可以在現實中滿足這些需求，否則，結果可想而知。

祕訣066

幫到忙vs.幫倒忙

其實很多時候，孩子自己也清楚地知道準備時間就是這麼多。有些孩子也不

你被孩子 3C勒索嗎？

禁思考：玩線上遊戲真的是釋放壓力嗎？還是一種放鬆的假象？

有些孩子會發現，玩線上遊戲一段時間之後，每當離線、關機時，原以為應該放鬆的自己，反而更焦慮、沮喪且心浮氣躁。

孩子不得不承認，自己某種程度上其實是在逃避——逃避面對要準備考試這件事。

我們都知道，事情擺在那裡，懸在那邊，不去面對與解決，最後，壓力只會愈積愈多。

請一起來陪伴孩子，共同面對這一場未來的考試。陪伴，可以讓孩子感覺有你在身邊真好。不妨主動詢問孩子，希望爸媽怎麼做。

幫忙有兩種，一種是幫「到」忙，另一種是幫「倒」忙。若你要真的幫對忙，請先從了解孩子的需求開始。

問題十七

【關注孩子的人際互動與需求】

是愛臉書？還是想交朋友？

明瑞很清楚，自己總是在ＦＢ上刷存在感。他非常在意ＦＢ上的朋友人數，至於這些所謂的「朋友」到底是哪些人，其實他不大在乎。只要表面上的數字，不會讓自己在班上太難堪就好。

可是，由於亂發交友的邀請訊息，使得他常常踩到ＦＢ的規範紅線：「針對其他用戶不斷發出對方不想要的交友邀請或訊息」，而被視為是一種騷擾，遭人檢舉，甚至屢遭停權，這讓他後來比較小心。

明瑞不時地重新載入自己的ＦＢ塗鴉牆。他心裡有數，每則留言的按讚數寥寥可數，但這仍然無法削減他在ＦＢ上的流連。當他看到覺得有趣的內容，二話不說，立即轉分享，反正亂槍打鳥，雖不中亦不遠矣。他的信念是：「管他的，我就繼續轉分享、發訊息，有一個反應是一個。」

他也努力上網搜尋各種引人注意的貼圖和表情符號。這麼做，不外乎想讓多一點的人對自己注意，或多按個讚都可以。對他來說，數字的變化代表了一種存在感。

偶爾運氣不錯，明瑞在FB上遇見了幾個可以聊天的朋友，但FB上的照片盡是些「非人」圖片，對方到底是圓？是扁？是男？是女？是大叔？是大嬸？反正在網路的匿名世界裡也都差不多。無魚，蝦也好，至少讓他在人際需求上獲得許多滿足。

他發現透過鍵盤打字，在FB上說的話比平時多很多，至少在網路上，讓他有話可說。雖然不知道到底誰會看他的塗鴉牆，但能夠自言自語、盡情地說，心情也舒坦了許多。

現實生活中，明瑞很了解自己在人際上的困境。在班上他很龜縮，也不和人囉嗦，他總是想：「根本沒有幾個同學願意鳥我。有話說的，也差不多和我一樣鳥，我才不想和他們說話，免得其他人把我們歸為同一群鳥。」

可是，他對FB的沉迷常引來爸媽嘮叨，明瑞覺得煩躁又苦悶。

「他們根本不知道我的煩惱，總是愛說『讀書就好』。屁啦！我的苦悶有誰知道？」

說真的，不是明瑞不願意在學校交朋友，但交友哪有你說的那麼容易？同學看到他，不是像遇到鬼呈鳥獸散，不然就是無視他的存在。

一講到人際相處，明瑞就鬱悶難耐。其實他很想表達：「沒有朋友，那我到底該怎麼做？就是因為現實沒有，我才上網，不然你以為我愛在網路上找朋友？在人際關係、情感需求和歸屬感上，我需要被滿足。你不讓我上網，那我更沒有朋友了。」

根據《蘋果日報》一〇四年九月十七日的報導：「教育部今天公布『中小學學生網路使用情形』最新調查結果，調查顯示，最常使用的社群網路是臉書，其中光國小學生百分之六十七最常使用臉書，國高中生約九成四使用臉書。」

臉書無所不在，也是孩子的最愛。這股趨勢，你無法阻擋。

你被孩子3C勒索嗎？

替代3C與網路需求的祕訣指南

祕訣067

別讓孩子獨自一個人

在國中、高中的校園諮商及心理治療所服務中，總是有些神情落寞的孩子，透過輔導室轉介或由家長陪同前來。有些轉介的問題，表面上是由於孩子消磨了太多的時間在上網。

透過一次又一次的晤談，可以發現這些孩子隱匿在心中的那份落寞。有些孩子在校園裡，雖然下課時，與同學在狹窄的走廊上摩肩擦踵，但還是感到孤單寂寞。心中的感受，仍然是孤獨一個人。

在校園服務裡通常會發現，比起成績差，孩子更怕的是沒有朋友，縱使只是「數字」上的也好。雖然課業表現不理想會讓人不開心，但是人際關係不好，讓人更難過，尤其是青春期的孩子，對於人際關係與歸屬感更是充滿渴望。

社群網站有時就像蜜糖一樣，讓孩子流連忘返，畢竟孩子已經飢餓許久了。就像喜好甜食的人走進吃到飽的下午茶一樣，往往會受不了誘惑。

我們要正視孩子在社群網站上（例如FB或LINE）所傳達的需求。如果跳過這一點，而直接想要求孩子遠離電腦、手機，在某種程度上來說是殘酷的。

除非孩子能在現實中獲得滿足，否則，當你一味地要求孩子離開網路世界，他沒說出口的真心話將是：「那我的人際世界在哪裡？」

你被孩子3C勒索嗎？

祕訣 068

協助孩子找出交友限制點

老是自己一個人，實在是情非得已。假如孩子在交友上總是找不到施力點，久而久之，挫折也就難免。

我們要協助孩子找出交友的限制點，是社交技巧笨拙？是個性特質無法突破？是對人情世故的不解和陌生？還是他給自己套上了「反正」的魔咒——「反正」我就是交不到朋友，「反正」就是沒人喜歡我，「反正」我就是人緣不好……

和孩子一起釐清，擋在人際交往前方的大落石是什麼？

交友受挫，會令人心灰意冷，孩子需要被支持、被同理，才能激發他的勇氣和動力，拿起碎石機、啟動怪手去鑿碎落石。

當現實生活中的人際需求能夠被滿足，孩子也就不用老是流連在網路上了。

祕訣 069

孩子心中關於「朋友」的定義

對於朋友的認定與期待，每個人不盡相同。不妨和孩子一起腦力激盪，思考自己心中關於「朋友」的定義，想想看這些定義合不合理。例如：

- 朋友就是有人願意和我說說話。
- 和我分享心情。
- 當彼此心情不好時，會聆聽對方訴說。
- 會陪伴我、支持我。
- 共同體驗一些愉快的事物。
- 朋友的出現，會讓我的心情好很多。
- 彼此可以討論功課，甚至對於交男、女朋友，有時也會提供建議。
- 朋友能夠了解我，知道我喜歡什麼。
- 朋友彼此之間可以解惑。
- 生日時，會祝福我。

祕訣070

合理看待網路社群關係

我用ＦＢ很勤快，但我不愛用LINE，到現在連帳號也沒申請。在用ＦＢ之前，我曾鍾情於噗浪（Plurk），也因而在宜蘭認識了一群生命中很重要的噗友，辦了數場宜蘭噗友的噗聚，讓生活豐富許多。我很清楚自己如何看待社群網路，同時也會注意讓虛擬與現實有所交集。

社群網站的確令人著迷，所以囉，我們都身在其中。

在看待孩子與社群網站的關係時，並非要求孩子脫離。想要阻擋現代科技社會的互動趨勢，既不必要，更何況也沒道理。

我想，重要的是，協助孩子合理地看待自己與網路社群的關係，包括投注了多少心思、時間和注意力在裡面。

這是一個現實與虛擬的比例問題，孩子需要明白，無論如何，自己最後都還是得回歸到現實面。這個赤裸裸的現實面雖然殘酷，但他還是得去面對。這時，他不但需要勇氣，更需要我們扶他一把。

否則，孩子可能會迷失在網路上「以量取勝」的交友模式中，努力讓ＦＢ朋友數達到五千人上限……然後呢？這能讓他更滿足、或更滿意現有的關係嗎？還是一切都只是旁人無法殘忍地戳破的假象？

祕訣071

發揮破冰作用

其實好好運用３Ｃ與網路的話，它還有支援人際破冰的延伸功能。我們家的「三好米」遇到外人或其他小朋友時，在第一時間走的是「含蓄風」，多數時候會以靜制動，仔細觀察對方的反應與善意，來決定自己後續「瘋」的互動程度。

第十回環島期間，一路上大兒子在拍照後，只要一有「手機時間」，他便樂在將所拍的照片透過相片編輯軟體，玩出超炫、超酷，讓姊姊和弟弟捧腹大笑的特效照片。

環島過程中，有一次跟朋友在高雄聚會，我們兩家的孩子僅有幾次見面之緣，說熟悉，卻又陌生。我建議兒子拿出他一路上改編的特效照片和小朋友分享，果然，孩子們彼此不設防，這些誇大的照片擔任了「破冰」的角色，四個小孩很快就笑在一起了。

既然３Ｃ的破冰任務已完成，便要瞬時退位，手機再度收回給大人保管，回到沒有３Ｃ的情境下互動，孩子們熱烈依舊。

你被孩子 3C勒索嗎？

破冰的功能還不只如此。

前陣子，網路上掀起了一陣「哈味」風潮：「哈密瓜有些人喜歡　有些人不喜歡　因為哈密瓜有一種哈味」，這段話出現各式各樣kuso的、創意的、混音的或動漫版本，讓「哈味大嬸」瞬間爆紅。透過YouTube，這股「哈味」也讓我家裡的「三好米」哈哈大笑了好一陣子。在演講過程中，每當我放入這個「哈味梗」，便能很快與現場的青春期孩子產生共鳴，瞬時拉近了彼此的關係。

網路的威力、魅力、吸引力、擴散力及影響力，就在這裡。你知、我知，你懂、我懂，讓我們有一種與世界同步的感覺。

「哈味」只是一個小小的例子，先前《冰雪奇緣》的那首〈Let It Go〉衍生出數不盡的改編版本，在網路上也造成了很大的轟動。

不管任何事物，一定都有它良善的作用，3C和網路也是如此。

問題十八

【孩子沉迷於打怪】

是不是現實中沒有成就感？

「成就感？打怪可以有成就感？我聽你在鬼扯淡！不好好給我讀書，盡給我扯些有的沒的。什麼成就感？打怪以後就有飯吃？就不用工作？就可以養家餬口嗎？騙誰啊！你以為老子沒有出過社會？」

爸爸一回到家，看到阿誠又坐在電腦前面「打怪」，立刻湧上一肚子火，破口大罵。

「就算跟你說，你也搞不懂。」阿誠淡淡地回應。

爸爸更氣了。「我不懂？我才懶得懂！你給我好好讀書，像你哥一樣考個好學校，別老跟我在那邊扯東扯西，你要是太超過，我看連網路線都給你拆了。成

你被孩子3C勒索嗎？

天無所事事，搞屁啊！」

阿誠懶得再接話澄清。但爸爸耐不住脾氣，火氣愈講愈旺。

「你知道什麼叫成就感？名片，你看到沒？名片，以後你的名片拿得出來的，那才叫成就感！不然什麼都是假的。整天坐在電腦前可以打出什麼名堂？成就感……」

爸爸從口袋中掏出名片，亮出他在大陸工作的頭銜，密密麻麻的一大落，在阿誠眼前晃啊晃。

阿誠發現自己和爸爸根本是兩條平行線，兩個世界完全沒有交集。這麼多年下來，兩人愈來愈生疏，自己也懶得溝通了。

當然，論現實的表現，阿誠很難說出口。成績嘛，不談也罷，不像讀第一志願的哥哥。論人際，在一群朋友中也輪不到他說話的餘地，只能聽。

就像現在的他，只能聽阿爸不斷地嘮叨。自己只能聽，一切就只能聽。

但在網路上，很現實的，只要願意努力打怪、破關、取得寶物，等級和角色就有機會升等或更新，取得更精良的配備。

在遊戲世界裡，有些網友會對阿誠甘拜下風，視他為大哥。但現實生活中，「大哥」兩個字，他想都別想。

在網路上，要贏得人家的尊敬與看重，只要願意花時間、買點數、研發新技巧和策略，就有機會成為被推崇的對象。阿誠覺得自己只要上網玩遊戲就有「風」，一股自信與成就的風。

在網路上，阿誠知道每個人都有發表意見的機會，除了有人會聽、會附議，還會給讚賞。這一點在現實生活中可是門都沒有。

爸爸沒有要結束話題的意思，繼續談他的豐功偉業，聊他這麼多年下來，如何從台灣的工廠西進到大陸，落地生根，如何在異鄉孤苦伶仃地一個人奮鬥，一切都只為了這個家、為了他的事業。

但這些話一從爸爸的口中說出，還沒抵達阿誠的耳朵前便自動分解，消失殆盡了。他只望見爸爸時而誇張、時而扭動的表情，聽在耳中卻無聲無息，心中也沒有任何感覺。

因為阿誠知道，眼前這個人對他一點都不了解。

替代3C與網路需求的祕訣指南

- 祕訣072 確認成就感從何而來
- 祕訣073 別套上大人的成就標準
- 祕訣074 協助孩子回歸現實
- 祕訣075 成為聰明的玩家

祕訣072

確認成就感從何而來

在校園服務中，我曾經遇見一個有意思的個案。說來，當事人自己也頗為尷尬，因為她被轉介諮商的原因，在於平時花費太多時間在網路上，造成課業持續落後，出現壓力調適問題而尋求心理師的協助。

為什麼說尷尬？因為她放學之後，書包一丟就馬上坐在電腦螢幕前。她特別強調，在線上遊戲裡，自己在社群中扮演「管理員」的角色，需要針對網友提出的疑慮給予回答或建議。提問五花八門，什麼都有，她也樂在其中，逐一詳細地回答。

在心理晤談過程中，高中女生說了一句：「我需要給他們諮商。」很有意思，她用了「諮商」兩個字。

但是，她因為花了太多時間在網路上幫網友進行「諮商」，最後連現實世界裡的功課也顧不了，結果泥菩薩過江自身難保，壓力太大，反而自己來接受心理諮商。

這孩子鍾情於線上遊戲，或許源自於她所謂的提供網友「諮商」，而帶給自己的成就感。

現實中，我們是否有機會為孩子製造成就感？對於孩子來說，現實如果沒有，就到網路世界去尋找，這很符合人性，也自然。

你被孩子3C勒索嗎？

祕訣073

別套上大人的成就標準

或許你會質疑：網路世界哪能有什麼成就感？無論你有多麼難以想像，對於青春期孩子來說，成就感就是在那裡。

父母所強調的成就感，往往也反映了大人自己關注的重點。例如課業，當然是父母、老師鎖定的焦點，透過對課業的量化：分數幾分、PR值多少、班排名、校排名、上了第幾志願的學校……以此來評定孩子的所謂「成就感」。

但就怕這是屬於「爸媽的」虛榮感或期待，不一定是孩子本身所在意的。

請先認同並接納孩子當下所擁有的，先別把我們大人對成就感的標準往孩子身上貼。這種在自己付出努力後獲得滿足的感覺，還得孩子本人說了算。

祕訣074

協助孩子回歸現實

每個孩子從網路上所獲得的成就感不盡相同。在前面「諮商」的例子中，還可以看見孩子的滿足來自於助人、滿足對方的需求，而讓自己產生被需要、有回饋，及多了一些有能力的感覺。

這都是好事。如果協助這孩子做好時間管控，把想要服務的「諮商量」維持在有限範圍內，或許她還可以維持好現實與虛擬的平衡，這未嘗不好。

當然，如果能順利地把孩子在網路上的表現引回現實生活中，或許對孩子未來在了解自己的性向、興趣、特質與優勢能力等方面，都是很好的助益。

線上遊戲並不是魔鬼，也不需要生人迴避，如果能夠讓孩子維持彼此關係的獨立，避免若即若離甚至形影不離，這就是我們所樂見的結局。

祕訣 075

成為聰明的玩家

「全球首例！南韓將電玩成癮視為疾病列管！」

這個斗大的新聞標題，相信許多父母看了直冒冷汗。

這是來自於《自由時報》電子報在一〇五年三月一日的報導：「南韓政府決定要將電玩遊戲規定為上癮物，像毒品與酒精一樣，將電玩成癮視為疾病進行管理。」

你被孩子3C勒索嗎？

有些陷入、沉迷於線上遊戲而無法自拔的孩子，一部分的成就感在於追逐遊戲中所帶來的表現，像是等級的提升、過關和破關、取得新穎的火力與裝備，或者角色愈練愈強大等。

只不過，線上遊戲所帶來的成就感，保存期限都很短。很新鮮是沒錯，但這種滿足感太容易消失，孩子只能繼續打怪、繼續破關，繼續品嘗那短時效的滿足感，接著很容易就周而復始，繼續沉迷在其中。

提醒自己，別小看、也別否認孩子的這份表現，或許你不以為然，但別讓這樣的態度成為親子之間的距離與隔閡。這些稍縱即逝的練功變化，對孩子來說的確也是很真實的一種滿足感。

但是，請讓孩子知道，無論再怎麼高明的練功，他還是在遊戲裡面。這些虛無飄渺的成就感或彪炳戰績，在離線、關機之後，不會轉移到現實生活中，他很難在未來的求職履歷或學校申請書附上這些註記，要求升等或加薪。

不是不能玩，也不是不能從這裡獲得成就感，但終究還是遊戲一場，純娛樂。為了娛樂，換來了日以繼夜對體力的摧殘、時間的耗損、作息的失衡、人際關係的疏遠、休閒娛樂的匱乏、課業學習的停滯……

請孩子想想看，自己是否要付出如此的代價？

我想，聰明的玩家會知道答案。

問題十九

上了網，還是很無聊？

【教孩子創造目標】

呆坐在電腦螢幕前已經好幾個小時了。搓揉著乾澀的眼睛，伸了伸懶腰，猛打了好幾個呵欠——累了，但是手仍然本能地往滑鼠握去，繼續漫無目的的網路漫遊。雖然明天是段考日，但那和自己好像沒什麼關係。

你說我在網路上幹嘛？就無聊嘛！有時候點選廣告賺賺點數、賺賺外快，反正都是手指頭在動，眼睛只是瞇起來瞄一下，反正給它猛按就對了。有時，線上遊戲的廣告彈跳出來，有興趣的就點進去看一下。說是點選廣告，倒不如說像行屍走肉般沒有任何感覺。

當然，有時點選到色情廣告時，會讓我血脈賁張、心跳加速，點選連結的速度也愈來愈快，點進去之後，流連的時間也會久一點。賀爾蒙作祟嘛！這你知道的。你問我看到了什麼？嘿嘿！還不就是那麼回事。

我在網路上幹嘛？沒幹嘛呀！下載手機鈴聲，猛拉Apps清單，說真的，也不知道要幹嘛。我也懶得玩什麼多人線上角色扮演遊戲。整個晚上，手上的滑鼠就任意點著，網頁不斷地翻著、跳著。

沒有目標，反正就是消磨時間。撐得住就熬夜，真的不行了倒頭就睡，或隔天到學校補眠。

有時，在ＦＢ塗鴉牆上點點點、讚讚讚，管這些人認不認識，就無聊嘛！有時則亂逛網站，每個網頁的停留時間也都很短暫，反正腦袋空空，也沒多想什麼。

說真的，我在網路上能夠交談的朋友沒幾個，現實生活中更少。回到家後不上網，也不知道要幹嘛。雖然眼前看似有許多待辦事項，但我根本懶得做，也沒有那個動力去想。許多事情就這樣停擺。

真的沒有目標嗎？我也想過，或許這根本是一種逃避心態，不願意面對現實，生活沒有重心。

你被孩子3C勒索嗎？

我整個人在茫茫網海中漫無目的地閒晃。如果想成是半夜走出家門，那就像站在十字路口上，眼前持續閃著紅燈，路上沒什麼行人，只有偶爾幾輛改裝了消音器的跑車飛速駛過，它們也在刷存在感。

佇立在街頭，我完全不知道該何去何從，不知道自己要做什麼。

替代3C與網路需求的祕訣指南

祕訣076　讓想法化為文字
祕訣077　細細切割到開胃
祕訣078　覺察網路漫遊有多傷本
祕訣079　把消磨轉為享受

祕訣076

讓想法化為文字

寫下來吧！讓孩子把他想做的事、應該做的事，具體地寫下來吧！不用多，一次先寫三個。也不求順序，就先來三個，寫得愈具體愈好，包括人、事、時、地、物。

寫好之後，可以和孩子一起來思考：哪個比較急？哪個最重要？把那件「又急又重要」的事情先挑出來。

每件事都有個開始，就像在網路上漫無目的地神遊之前，也需要先開機一樣。沒錯，就像開機這個動作：「啟動」。眼前的這件事也需要啟動。

孩子可能會告訴你：「我才懶得動呢！」沒關係，鼓勵他多給自己一點自信，別吝嗇。

別忘了，當他動筆寫下三件事情時，就已經開始啟動了。

祕訣077

細細切割到開胃

接下來，為了讓孩子繼續有胃口，可以教他把眼前這件事情細細地「切割」。與其丟整條魚讓他吃，不如給他一把沙西米刀細細切片，細細品味。沒吃過沙西米？好吧！吃披薩或切蛋糕也是一樣的道理。

教孩子把眼前的目標細細地切割，切到自己開始感覺有胃口，就是那種讓人想要把生魚片夾起來，往口中放進去的那種感覺。也就是說，會讓他有那一丁點想要做一點事的感覺。

祕訣078 覺察網路漫遊有多傷本

無論沉迷或成癮，都在提醒我們要注意：當孩子沉溺在這些事物上，他的注意力也像被下了咒語，僅僅專注在眼前的虛擬世界裡。

沉迷3C和網路成癮所傳達的另一個訊息是：孩子不懂得如何過生活、安排時間，無法掌握生活重心及留意先後順序。

網路神遊的可怕，在於當自己像幽魂在虛擬世界走了一遭時，除了耗費時間，更重要的是也讓心力與意志力被消磨殆盡。一日復一日的漫遊，對身心是很傷的。

有個最簡單的證明方法。跟孩子聊聊，讓他想想看：這些日子以來，眼睛是否容易乾澀、視力模糊、身體疲勞？肩、頸、手肘和肌肉是否容易痠痛？是否容易失眠、胸悶、食欲不振？

請孩子誠實地回答他自己：這樣子，對他的身體傷不傷？

這些只是生理的變化，至於心理的部分，可還沒列出來呢！

祕訣079

把消磨轉為享受

孩子沒有目標？那就教他創造目標吧！慢慢地，他會發現自己開始把一些時間撥給目標了，相對地在網路上的時間也少了一點。

時間就是那麼固定，把它拿來做A，在B的時間當然就少了一些。

對青春期的孩子來說，消磨時間或許是過日子的一種方式。看在已經有些年紀的我們眼裡，這卻是何等奢侈，但說真的，這不能怪孩子，不同年齡對於時間的感受本來就不一樣。現在太早向他預言：「等你以後有了年紀，就知道時間的可貴。」只是倚老賣老，意義不大，也沒成效。

你被孩子3C勒索嗎？

但是，我們要和孩子一起來思考，是否能夠翻轉一下，把「消磨」成為享受，好好來享受眼前所擁有的時間。

不妨這麼告訴他：「既然你上網這麼久了，那也不差一時半刻。出門走走吧！或許外面天冷也能讓你凍得有存在感，發現原來自己是怕冷的。」

或者面對「帝王級寒流」來襲，跟孩子一同關注整個台灣對這波寒流的感受，這也很好，至少能讓孩子跳脫一下毫無目的的網路漫遊，注意到別人在想什麼。

鼓勵孩子想想，同年齡的人除了上網、用3C之外，大都在做什麼？

人與人之間不需要比較，但多少可以當作參考。就像看電影一樣，能夠讓我們多一些看待別人生命歷程的經驗，知道生命其實有許多不同的可能，選擇了A這條路，就揮別了B。

還有呢，在網路上漫遊時，不如挑部電影看吧！

在漫無目的的同時，先設下一個目的，這就是一種改變。

問題二十

【色情網站的誘惑】哪個青少年對「性」不好奇？

螢幕上，彈跳出「十八禁」的廣告。阿彥深深地吸了一口氣，再輕輕地、輕輕地吐出，猶豫了一下，最後還是點了進去。

寂靜的深夜裡，他可以清楚聽見自己急促的呼吸聲，及隔壁床弟弟的鼾聲。弟弟睡著了，當然不能吵醒他。阿彥把耳機塞進電腦的耳機孔，他渴望這些聲音讓刺激在腦海裡迴盪、再迴盪。

阿彥覺得自己的心臟像是要穿破汗衫彈跳出來，感到有些喘不過氣。螢幕上，男女主角的尺度已經超出他所能想像的極限。男主角裸露的背影、臀部的曲線……阿彥想像成是自己。

你被孩子3C勒索嗎？

而女主角扭曲的表情，呻吟聲與急促的呼吸聲，讓阿彥直覺地感到褲襠裡熱熱脹脹地，似乎想要突破，既躁熱又難耐。左手不自覺地滑向電腦桌底下，右手緊握住滑鼠，讓自己隨時保持警覺，深怕一旁的弟弟醒來看見，那就糗大了。

阿彥很清楚，凡走過必留下痕跡，因此，除了不能讓爸媽和弟弟發現自己半夜還在網路上，在離線、關機前，他也一定會清除最近瀏覽的歷史紀錄，這是必要的ＳＯＰ。

弟弟翻了個身。阿彥屏住呼吸，稍微側頭探了一下。為了確保影片裡的淫聲浪語不至於吵醒熟睡的小弟，他再次檢查了耳機孔是否塞得夠緊。

螢幕上，女優的表情時而淫蕩，時而猙獰，時而瘋狂，時而嬌羞。阿彥把滑鼠握得更緊，而另一隻手……

白天時，阿彥很浮躁，魂不守舍又按捺不住。在漫長的等待中，他只能壓抑自己的血脈賁張，但ＡＶ女優白皙的雙腿微張著……不，不能再想下去。阿彥刻意把外套往下拉一些，盡可能遮掩自己那已微熱的小山丘。

教室裡，雖然他直直盯著前方的黑板，維持基本的專心模樣，但腦海裡不時在播放深夜十八禁的影片內容。他的心思被那撩人的身影、呻吟和嘶吼的聲音攪得心癢難耐。

等待深夜的來臨很煎熬，為了掩飾自己上網的勾當，晚上十點，他一定要進入假睡狀態，為的就是讓爸媽深信國三的大兒子早已沉睡夢鄉。

阿彥在班上給人的印象是乖乖牌一張，同學看到他的黑眼圈，往往誤以為他真的很用功，一定是熬夜看書。不過班上也有些男同學會私下虧他屬貓熊，不然就是黑輪掛的，兩個黑眼圈不斷地向外暈開，一定是上「大夜班」，看A片看到虛脫。

阿彥必須維持成績在一定的水準之上，這是他和爸媽的約定。只要成績守在前五名以內，爸媽就答應繼續讓電腦擺在他的房間裡。

為了掩飾自己瀏覽情色網頁（大多數時候是色情網頁）的行為，阿彥常在爸媽面前非常認真地上網查資料，特別是知識性的資料，讓爸媽看見他對於知識的渴求。他也刻意不時向爸媽拋出一些疑問，當然，他很清楚爸媽不會知道答案，他們只會很尷尬地叫他自己上網去查。

這些都是必須做的基本功，至少可以讓爸媽不會起任何疑心，懷疑兒子到底在網路上亂看什麼。

教室裡，阿彥的心浮躁著。

替代3C與網路需求的祕訣指南

祕訣080　對性的好奇很自然
祕訣081　把電腦搬離房間
祕訣082　善用「時間管理服務」
祕訣083　「色情守門員」登場
祕訣084　啟動親子的促膝長談時間

祕訣080 對性的好奇很自然

青春期孩子對性好奇很自然。當你某天突然發現孩子流連色情網站，請提醒自己先不要反應過度，雖然你心裡可能無法接受：天啊！這麼乖巧的孩子怎麼會變得如此齷齪?!

——等等，先別使用這個字眼。

每個人對於性都有不同的經驗和看法，成長背景、甚至宗教信仰都會影響我們看待性的態度。

但是，讓我們先回歸到一件事：在你的家庭裡，「性」是不是很容易啟齒、談論的話題？不談，不表示孩子對於性沒有需求。只是大人不想掀開這個潘朵拉的盒子。

青春期孩子對於性的好奇，還是一句話：很自然。但過與不及都不好。

孩子到底能不能越界，叩門十八禁？這關係到孩子的成熟度、自律，及對於性的控制。當性的想像蠢蠢欲動，青春期的孩子是很難招架的。

你被孩子3C勒索嗎？

祕訣081

把電腦搬離房間

把電腦搬離房間，放在公共區域，例如客廳吧！如此一來，多少可以降低孩子趁半夜上網瀏覽限制級網站或影片的誘因。

電腦真的沒必要與孩子共枕眠。太隱私的空間，很容易讓孩子放下心防與界線，超越十八禁。畢竟當房門關起來、電燈熄下來，焦躁的心就容易蠢蠢欲動。

我們必須重新思考把電腦放房間的必要性。

孩子很可能會告訴你，放房間，他上網找資料、寫報告比較容易專心。那這樣好了，如果是筆電，那很好移動；如果是桌電就睡前離場，把電腦桌往客廳推吧！

什麼？孩子嫌麻煩？那乾脆把電腦擺外面不就得了。

祕訣082 善用「時間管理服務」

夜深人靜時，孩子的心頭往往容易因性而騷動。好吧！如果孩子仍然堅持要把電腦擺在房間裡，你可以很清楚地表明上網時間要設限，例如用HiNet的「上網時間管理服務」。

問問孩子：「晚上十點以後你在做什麼？」

「當然是睡覺啊！」

如果他給你這個答案，那就順水推舟吧！既然晚上十點就睡覺，那麼也讓網路休眠一下。

直接讓孩子知道，你使用了「上網時間管理服務」，例如從晚上十點至上午七點由系統直接設定。至於休眠或使用時段，你可以自行調整與決定，不用擔心被孩子解除。

祕訣083

「色情守門員」登場

網路無遠弗屆很迷人，但網路內容無奇不有，色情、暴力、自殺、毒品、武器、賭博……無所不在，也的確很駭人。

我們需要肩負「守門員」的責任，特別是你已經嗅到孩子對於色情網站著迷時。這時，孩子已經不是誤闖了，而是滿心期待能登門入室。那麼，就讓你所選擇的網路電信服務業者的系統，來幫你過濾與攔截吧！

祕訣084

啟動親子的促膝長談時間

怕只怕道高一尺，魔高一丈，家中青春期孩子的電腦程式破解功力，可能遠超出你的預期與想像，加上如果他背後有暗黑高人技術指導，讓他暢遊在情色與色情世界之中，這時，真的需要啟動親子之間的促膝長談了。

首先，請接納孩子現在的行為表現。沒錯，就是這陣子他半夜瀏覽色情網站的沉迷行為。

前面提到，性的好奇是很自然的。為了避免尷尬，男孩子不妨讓爸爸來談，女孩子則由媽媽一起分享。

回想一下，那些年夜深人靜時，對於性懵懵懂懂的你，是選擇哪一種方式來探索的？尤其是在還沒有網路的年代，那一段令你心跳加速、血脈賁張、充滿疑惑、又擔心被撞見的青澀日子。這些私密的事，你是否能坦然與青春期孩子促膝長談？

我們都是如此走過的，差別在於你談或不談。卸下你的武裝與面具吧！在探索「性」的這條路上，其實我們都一樣。

遠離網路成癮第4部

擺脫成癮的痛苦困境

問題二十

小心，這是親子衝突的火藥庫！

【直接沒收或斷線】

孩子的爸這回火了，二話不說，猛力將插頭拔起。電腦螢幕瞬時化為一片漆黑。當然，孩子也火了，原先緊握滑鼠的手重重朝地上一摔，碎片撒落滿地。

「你在幹嘛？」

「我才想問，你在幹嘛？」孩子不甘示弱地回嗆。

爸爸怒不可抑，「你現在是在對誰講話？」

孩子的雙拳握得更緊了。一旁的媽媽想打圓場，卻焦慮地不知該如何開口。

「搞什麼玩意，整天窩在家裡打電動，像什麼樣？我警告你多少次了，不聽，沒關係，我就直接拔插頭，看你停不停！」

孩子瞪眼怒視父親，全身因為激動而顫抖著。

「好了啦！好了啦！有話好好講，你們父子倆別再這麼吵啦！隔壁鄰居在睡覺，別這麼嚷了啦！」媽媽壓低略微顫抖的聲音，試著想辦法把現場的火藥味吹散。但不開口還好，愈說反而讓孩子的爸愈發飆。

「我在跟他吵？你有沒有搞錯！不要孩子玩電腦玩到腦袋壞了，連你也一樣。還不都是你，平時在家也不管，放任他整天耗在電腦上。我看這個家如果沒有我這個爸爸在，一切都亂了，都亂了。」

「我怎麼沒有管？你不在家這段期間，我也有好說歹說叫他別再玩電腦、別再滑手機，但哪有用？」媽媽有些委屈地喃喃自語著。望著父子倆的衝突僵持不下，她實在不知道該如何是好。

在演講與諮商的場合，我經常會遇到家長帶著類似的問題求助。

其實，每當父母採取「直接斷線」措施，往往也宣告著親子關係走到這樣的地步，已相當生疏了。這種生疏，會讓父母覺得怎麼跟眼前的孩子距離如此遙遠。

強行斷線，有著爸媽不為人知的苦水、無奈，以及對孩子的不了解。

你被孩子3C勒索嗎？

擺脫3C與網路成癮的祕訣指南

祕訣085

強行關機的反作用力

直接拔下電源插頭或強行按下關機鍵（這些都屬於極度危險動作，請勿模仿），不但對於電腦硬體本身很傷，對親子關係更傷。

當你選擇採取強行關機、斷線，也意味著孩子不把你的指令當一回事而激怒了你。但是，或許孩子有千百個無法立即關機、離線的理由，只是他還沒來得及說，例如訊息還沒打完、打怪遊戲練功還沒練完。

當然，你多少也有話要講。一是孩子與你有約定，而時間已經到了。二是孩子未經過你的授權，偷偷摸摸使用。三是孩子當下該做的事未做，卻仍然流連在手機或電玩連線裡。不關機，你哪裡嚥得下這口氣？

孩子或許有他的堅持，但別忘了爸媽也要有自己的底線。

選擇強行關機，不但需要一點勇氣，也需要擔負那不可預知的「反作用力」。

如果無論如何都得讓孩子關機，或許給孩子二選一的機會：「一個是你自己關機，一個是我幫你關機。」至少你已經事先聲明，做了預告。

祕訣 086

爸媽無法置身事外

有時在事後想想：電腦是誰買的？網路是誰申請的？連線費用是誰付的？還不包括家裡的水電支出、孩子打怪所在的房間坪數，與待繳清的房貸。

爸媽心裡的嘔，我可以理解，然而殘酷的是造成這一切的原因，我們也無法置身事外。

後果嚐起來很苦，也很怨，但孩子沉迷網路至此，爸媽不僅需要承認與接受，同時，也要先從改變親子互動的方式做起。

你被孩子3C勒索嗎？

祕訣087

先讓一局，尋求改變契機

「如果不直接沒收或斷線，我該怎麼辦？」這個問題，應該有很多父母都想知道答案。

我的建議是，這次就先讓一步吧！

但我隱約聽到了你心裡的OS：「心理師，這樣不就是投降了嗎？」

這當然不是投降。

你可以想想，如果孩子已經陷入到難以自拔或不理會你的指令的狀態，也意味著他已陷入迴圈裡，不斷地轉、不斷地轉，除非他累了、倦了，不然他是很難下線的。

你很難在這種時候像切換總開關般，按下ON或OFF。這一局，先讓他自己結束吧！特別是對於叛逆的青春期孩子，真的不適合彼此來硬的。

秘訣088

孩子閉門不想談的隱憂

選個良辰吉時，或在下一場網路遊戲尚未開戰前，好好和孩子談一談你們彼此對線上遊戲的看法。不過，這裡可能有一個更尷尬的問題：門都沒有，孩子根本不想跟你談。

當局勢走到如此的地步，或許先把網路放一邊吧！眼下，你和孩子更需要的是好好檢視彼此的親子關係。尤其是對於青春期孩子來說，這一路走來，你們彼此是否曾經分享過、溝通過或對話過（在此暫時不考慮你對孩子的要求）？

以下幾件事情，請你想一想：

- 孩子到底在玩什麼遊戲？
- 不玩線上遊戲，孩子會做什麼？你期待他做什麼？
- 遊戲對於孩子的吸引力到底在哪裡？
- 孩子在遊戲中能夠獲得成就感與被肯定，那在現實生活中呢？

你被孩子3C勒索嗎？

●孩子在遊戲中能夠有歸屬感、被接納，那在校園生活裡呢？

這些想法都讓我們有機會來了解眼前的孩子。

假如我們搞不清楚孩子在網路上究竟在做什麼、他到底在關注什麼，這時貿然要求他離線，甚至於將他斷線，難度真的是很高、很高。

所以，直接拔線、關機這件事就先別做了。硬碰硬，展現為人父、為人母的堅持，這時也先免了。

先弄懂你的孩子吧！青春期的孩子總是難以捉摸的。或許，我們可以先自我檢視一下：我對自己的孩子熟悉嗎？無論是在網路上的他，或離線的他，我夠了解嗎？

你對孩子的印象，可別蒙上一層紗。

問題二十二

【留意標籤化，提升自我覺察力】
孩子否認網路成癮？

孩子很不喜歡被貼上標籤，青春期的孩子更是敏感：「網路嘛，玩就玩，什麼成癮不成癮？」孩子往往露出冷冷的眼神，對於大人的顧慮深深不以為然。

我曾經在心理治療所問一個孩子：「如果以後在路上遇見我，你會不會跟我打招呼？」

當時，他斬釘截鐵地回應：「不會。」

我又問：「那如果我是牙醫師呢？」

孩子爽快地回答：「會！」

在我們的社會裡，一般人對於「接受心理服務」這件事，還是存在著一些刻

你被孩子3C勒索嗎？

板印象，就連孩子也不例外。當然，大人怎麼想，孩子就怎麼看。

我在國小進行校園服務時，曾經遇過一位怒氣沖沖的爸爸跑到學校理論，理由是為什麼沒有在家長的同意下，竟然要孩子中午到輔導室吃飯。沒錯，就「只是」把營養午餐帶到輔導室，和輔導老師一邊用餐一邊聊天。

當然，這裡的「只是」多少也反映了我自己對這件事情的「個人」看法：不就是和輔導老師在輔導室用餐嗎？

但很抱歉，對於家長來說，這件事可是非同小可，於是忍不住質疑：你們到底把我的孩子看成什麼？

關於輔導室，每個人的解讀與感受都不同。

別說孩子，許多時候連我們大人都對一些字眼很敏感，例如：「輔導室」、「資源班」、「特教生」、「心理師」、「精神科」、「身心疾病」、「精神科醫師」、「輔導」、「心理諮商」、「心理治療」等。深怕與這些字眼牽扯在一起，壞了別人對自己的印象。

試想，看到下面的科別名稱，你會選擇哪一科求診：「兒童心智科」vs.「兒童精神科」，「身心科」vs.「精神科」。

其實無論你選擇哪一科，在門診和你第一線見面的都是精神科醫師。你可能會對我說：「不管哪一科，我都不想看！」孩子也是如此。

這種情況在校園裡也一樣。

在對於青春期孩子的服務中，我經常會遇到許多「非自願性」被轉介輔導、諮商或治療的孩子，而他們的反應往往是：

「我幹嘛要接受輔導？拜託，要嘛通知去教務處，或許還有什麼獎學金可以領。要嘛通知去學務處，頂多記記警告，累計小過。幹嘛通知我來輔導室？是把我看成有病，要去看醫生是嗎？」

更何況是把「網路成癮」這個標籤貼在身上，孩子當然會選擇否認，不願面對。

這些顧慮和感受都很真實也很自然。而如何讓孩子了解，同時願意自我覺察網路沉迷、成癮，進而改變，這是我一直在努力的事。

你被孩子3C勒索嗎？

擺脫3C與網路成癮的祕訣指南

祕訣
089

「非自願性」諮詢的青少年

打來心理治療所的電話中，另一端的爸媽們總是很焦急地訴說著孩子的問題，並詢問心理治療所的細節。可以聽得出來，他們迫不及待地想要趕快解決孩子的問題。

如果是國小或學齡前階段的孩子，狀況還單純，爸媽大都還有能力讓孩子跨進心理治療所。但是對於家有國、高中生的父母，緊接著的困擾常常是爸媽很想來，但孩子不願意出門。

孩子不認為自己有問題，自己不過是打打遊戲，上上網而已。

有時，青春期孩子還會這樣嗆爸媽：「要找心理師接受什麼心理諮商或心理治療，很抱歉，你們自己去。是你們有問題，可不是我有問題。」單單這樣的態度，就讓父母不知道該如何是好。

這時，我往往會先請爸媽陪孩子到「王意中部落格」網站（http://blog.xuite.net/atozwyc/blog），看看心理治療所的內部照片。藉由照片傳達出的溫馨，打破一般人對醫療院所冰冷的刻板印象，讓孩子先解除心理上的界線。

青春期的孩子，在面對心理輔導、諮商與治療的協助時，很容易出現抗拒的反應，畢竟他們很在乎別人對自己的看法，特別是同儕。

先別急著對他說：「你有問題。」不管對任何孩子而言，這都是生命中不能承受之「重」。

你被孩子3C勒索嗎？

祕訣090

別急著貼上成癮標籤

「上網、滑手機，班上哪個同學不是這樣？大驚小怪。我哪是什麼網路成癮？不過是上網玩遊戲而已，想太多了吧？沒那麼誇張啦！」

「否認」是一種心理防衛機轉，讓當事人眼不見為淨，感覺比較舒服一點。

非自願性的孩子，往往會抗拒接受協助的機會。許多正陷入網路沉迷或成癮的孩子，也常常閉著眼高舉「否認」的大旗，不願承認或自認根本沒這回事，讓爸媽感到不知所措。

網路沉迷、成癮的孩子，常常不願意開口說話，也不太會進一步自我覺察或思考。縱然從旁人的眼光來看，上網行為已經為他們帶來了災難性的後果，但他們仍看似很淡定，一路否認到底。

過度地否認，讓孩子無法去面對現實，天已塌下來，卻面不改色，閉著眼告訴你一切沒事。

否認，其實也是為了讓自己好過，至少心理上感到好過一些。或許你認為孩子是自欺欺人，狀況都已經這麼糟糕了，還不願意去面對，但是事實上，這是一種保護自己的心理作用。

否認，讓孩子仍然有生存的一點價值。但是否認，也讓問題一直遲遲未獲得解決。

我想，我們不妨慢慢地引導孩子去看到這些「不同」——在他長期使用網路之後，生活上、課業上、情緒上與人際上的「不同」。

其實有些孩子心裡明白：「我知道常掛在網上不好，但我現在如同陷入蛛網的蟲兒，哪裡也逃不了。」網路就像一張大大的蜘蛛網，讓陷入其中的孩子無法脫困。

面對孩子的否認，在協助時，請感受他的自尊心、價值感及能力感。先別急著給他貼上「網路成癮」的標籤，否則很容易適得其反，也對改善孩子使用３Ｃ產品、上網的行為無濟於事，更何況，很可能引發親子衝突。

但是，我們真的必須很認真地思考與留意：關於手機、平板、電腦、網路、電視、遊戲機等３Ｃ產品，孩子是否使用過度了？

你被孩子3C勒索嗎？

秘訣091

戒斷反應的自我覺察

孩子與3C、網路的關係有多麼難分難捨？讓我們試著來進行一項覺察體驗：手機不在自己的視線、手機沒電了、網路斷線了、電腦關機了、平板收在抽屜內了……先讓一切一切關於3C的產品都歸於沉寂。

讓孩子試著去感受那種想吃又吃不到，看似遠在天邊、但又近在眼前的誘惑。可以引導孩子自我檢測與覺察，自己當下及接下來的情緒反應，例如：焦慮、不安、煩躁、易怒、沮喪、低落、挫折，或混淆參雜的負面情緒。

自我覺察，是預防自己不知不覺沉迷手機的一項功課。自我覺察什麼？包括自己的想法、自己的感覺。

引導孩子想想：「沒有網路的日子像什麼？」天馬行空都可以，先不預設立場、不預設框架，想到什麼就把它寫下來。

例如：像全身爬滿了螞蟻，渾身不自在；感覺像是家徒四壁，傾家蕩產，前途茫茫；像沒有了魂魄的幽魂，隨風飄散……

問題二十三

【你必須關注的戒斷反應】孩子沒上網，就痛苦難耐？

阿樹在客廳裡不斷地來回踱步著，時而緊握雙拳，表情猙獰，眉頭深鎖著，口中不時發出嘶嘶聲；時而猛力拉扯著皺褶的襯衫衣角，「啊……啊……」地大聲咆哮；時而頭猛撞牆，或用腳猛踹房門，狂亂地旋轉著喇叭鎖。

這副景象嚇壞了一旁的媽媽，心想：「怎麼會這樣？怎麼會這樣？阿樹這孩子怎麼像發瘋似的？」

「打開，給我打開！我要玩，我要上網，給我打開！」阿樹對著房門狂叫。

媽媽不知所措地低頭看著緊握鑰匙的手。給？不給？給？不給？心裡交戰著。「不行、不行，我已經答應孩子的爸了，這次一定要堅持，絕對不能再妥協。」媽媽喃喃自語。

眼前的阿樹讓媽媽感到相當陌生，甚至害怕。兒子像變成了另一個人似的，看到他歇斯底里的痛苦模樣，媽媽感到於心不忍，心裡浮現出一個聲音：「不然就這麼一次，一次就好。」

阿樹一下子拉扯頭髮，一下子像伸出利爪般往臉上狂抓，留下一道道血痕。

「阿樹，你冷靜一點，別這樣，你別這樣，你會嚇壞媽媽啦！」

這時，媽媽手上的鑰匙不小心掉在地上，發出噹啷一聲。阿樹突然像老鷹般眼神銳利地掃向聲音的方向，緊接著神速地撲向鑰匙，像捕獲獵物般把它撿了起來。他的手不時顫抖著，鑰匙遲遲無法順利插進孔裡。看在媽媽眼裡，真的難過極了。

「怎麼會這樣？怎麼會這樣？阿樹怎麼會變成這樣？」

媽媽無法相信，不過是限制兒子上網，他怎麼像吸毒似的這麼痛苦難耐。

因為心疼，讓她原本和丈夫約定好的堅持一下子就破功了。另一方面，反反覆覆地鎖門、開門、鎖門、開門，堅持、妥協、堅持、妥協，也讓她心裡感到累了，覺得好無力。

「真的不能給嗎？就滿足他一下嘛！會怎樣？不要讓阿樹這麼痛苦嘛！」媽媽的心愈來愈鬆動，愈來愈鬆動。

房門終於開了。阿樹迫不及待地衝到電腦前，按下power鍵，螢幕啟動了。

阿樹笑了，而媽媽哭了。

擺脫3C與網路成癮的祕訣指南

祕訣092 多觀察孩子情緒的細微變化

祕訣093 漸進性地停止上網

祕訣094 同理孩子難熬的戒斷感受

祕訣095 孩子需要你的陪伴

你被孩子3C勒索嗎？

祕訣092 多觀察孩子情緒的細微變化

或許不至於像例子裡的阿樹那麼激烈，但是當3C被抽離、網路被斷線時，孩子的確會不舒服。

如果阿樹是落在沉迷、成癮的極端，那你的孩子呢？離阿樹的狀況有多遠？千萬別只是眼睜睜地看著孩子對網路著迷，卻沒有任何作為，直到他像阿樹一樣墜入深淵，這時早已錯過了處理的黃金時間。

愈到像阿樹這樣的地步，處理起來愈是棘手，代價愈高，成效也愈小，但孩子仍需要我們拉一把。

斷崖在前，如何避免孩子繼續往前走？這就要看你能否敏感地察覺孩子情緒的細微變化，例如當暫停上網一段時間，他就表現出無聊、焦慮的反應。同時也要注意，他是否想盡辦法企圖要碰到電腦，或刻意隱瞞使用網路的事實。

祕訣093 漸進性地停止上網

有些孩子在面對網路塞車、停電、電腦故障或被要求離線時，容易浮現出前面所描述的戒斷反應。當孩子使用網路走到如此的地步，父母當然傷心，雖然內心無奈，但總是得坦然面對。

孩子還是需要暫時中斷一些時間在網路上。但時間該如何拿捏？你可以仔細觀察他的戒斷反應的強度，來判斷收放的準則。

漸進性地停止上網是一個大方向。可以先設定較短暫的時間，如果孩子在這個時段內勉強能夠順利熬過去，再逐漸將暫停時間拉長。

祕訣094

同理孩子難熬的戒斷感受

戒斷反應，往往會給孩子帶來極端的身心不適應，經歷痛苦、難熬、不舒服的煎熬。孩子可能因此食不下嚥、失眠難熬、心浮氣躁、坐立不安、漫無目的地走動、不時抓弄頭髮、撥弄雙手，甚至於咬牙切齒。

有時，戒斷反應會讓人滿腦子都在想著網路的內容。

3C的世界像幽魂一樣盤踞心頭，使人無法擺脫。當3C總電源被切換至OFF時，孩子產生了不適，這就是一個警訊在提醒你，他已經若有似無地有了戒

你被孩子3C勒索嗎？

斷反應。

這是成癮的重要指標之一，你一定要知道。

戒斷反應令人很煎熬，請試著站在孩子的立場去感同身受。

沒錯，孩子一路走到這裡，這是他所需承擔的代價與後果，但千萬別潑冷水批評、指責或數落他：「活該，以前告訴過你不要上網，誰教你不聽？」這些話除了於事無補之外，更容易產生反效果，讓孩子在脫離成癮之路上選擇放棄，同時更拉大了親子的距離。

當然，感同身受容易說，不容易做，那就請你看看這個例子：如果你曾經是抽菸的人，就想想你當年戒菸時的折騰，那股想掙脫卻歷經波折的過程，讓你感到煩躁、焦慮、不安、失眠、情緒低落等。

這也像想減肥的人或糖尿病患者，面對美食當前的誘惑，看得到卻吃不到的痛苦與難熬。

當你有了某種似曾相識的感覺，你與孩子就更靠近了。

祕訣
095

孩子需要你的陪伴

每個孩子沉迷於網路的程度不盡相同，但是面對「調整」與「改變」使用網路的習慣，同樣都需要很大的勇氣、毅力及決心。

當然，你的同理、支持與陪伴更是重要，因為這決定了孩子在面對成癮這段路上，是否能夠繼續走下去。

這段路很辛苦，孩子需要你的陪伴。

有時，他只要你靜靜地在一旁陪他。

有時，他可能期待你的了解與諒解。

有時，他需要你的鼓勵與肯定。

有時，他需要你幫他解惑：為什麼掙脫網路成癮的路這麼難走？

問題二十四

【你必須認識的耐受性】孩子需要玩更久，才能夠滿足？

這是許多父母的夢魘——當你從夢中驚醒，在深夜冷冽的昏昏欲睡中，離開溫暖的被窩，推開房門往客廳走去，卻瞧見孩子房裡的燈亮著。

你輕輕地叩門問：「哥哥，你睡了嗎？」依往例，孩子不會有任何回應。沒多久，燈熄滅了，你也猶疑地走回房間，心想：「這孩子到底在幹嘛？」

當然，不消多久，房間的那盞燈又悄悄地亮起……

唯德已經在電腦前耗了四個多小時。雖然他很清楚，時間不能再繼續這樣蹉跎下去，但心裡總是感覺到有一個空洞，讓自己的渴望不斷地被誘發出來。

「就是想要。」心中一股很強勁的聲音不斷傳送出來：「就是想要。」

唯德知道爸媽也有底線的。三個小時已經很勉為其難了，更何況，上網的時間是不斷地延長、再延長，從一個小時、兩個小時、兩個半小時，到現在的三個小時……他不太想再拗下去。

但是，心裡總是有那種沒吃飽的感覺。

唯德依稀記得，剛開始玩「絕對武力Online」時，在爸媽的同意下，一個小時就讓他心滿意足。爸媽知道主程式免費，但遊戲中的武器和道具部分都要付費取得時，也很夠意思地補貼了一些。

但隨著經驗值及等級不斷提升，原本爸媽所答應的時間早就無法滿足他了。唯德知道自己的胃口逐漸大開，以前一個小時的滿足感，後來可能需要延長到一個半才能達到。

這就像個時間的黑洞，沒完沒了。心裡不時有股蠢蠢欲動的感覺，讓他難以按捺。

但是，每次都和爸媽在時間上拉扯爭執，這也絕非他所願，畢竟爸媽先前同意讓他打連線遊戲，他就很感激了。

你被孩子3C勒索嗎？

只是，感覺就是沒有被餵飽。時間的效用呈現遞減效果。「再多給我一點時間」的想法不時浮現。

夜愈來愈深了，唯德仍然守在電腦螢幕前，繼續他未竟的作戰任務……

擺脫3C與網路成癮的祕訣指南

祕訣096 定期定額的堅持
祕訣097 破解需求的密碼
祕訣098 逐漸收回時間
祕訣099 替代事物登場
祕訣100 嚴選探索活動

祕訣096

定期定額的堅持

定期定額，對於孩子使用網路是一項相當重要的做法。關於時間加以嚴格控管，針對一次只能使用多久明確地設定及執行，能有效預防孩子對網路沉迷、成癮。

無論如何，請你守住、守住再守住該有的合理使用時間。孩子當然都希望能玩的時間愈多愈好，但可別因為你的妥協，讓他對網路的使用形成「耐受性」，這就不僅是時間管理的問題了。

耐受性，是一種很容易在成癮的人身上發現的特質。例如，以前上網玩一個小時可以滿足，但現在如果要達到相同的滿足感，卻要多出許多的時間才有辦法。也就是說，飢渴的不滿足感，不斷地讓孩子向你索求時間，一個小時、一個半小時、兩個小時、三個小時……最後完全壞了彼此的約定，長時間把生命「耗」在網路上。

這就是誤用3C產品、網路的可怕之處。

你被孩子3C勒索嗎？

祕訣097

破解需求的密碼

孩子流連在網路遊戲的時間愈來愈長、愈來愈長，這一點其實你早已強烈感受到。怎麼辦？讓我們先回到一個問題：孩子有什麼地方需要被滿足？

你可能有微詞：「他不說，我哪知道他有哪門子的需求？」

這麼想是無濟於事的。這一道考題，我們必須先破解，才有辦法在時間上拗一些回來。

讓我們先沉澱一下，試著釐清：網路遊戲到底滿足了孩子什麼需求？這是在這本書裡，我不斷強調的概念。

比如，若孩子需要花費更多的時間在連線遊戲上，他的需求會是什麼？或許就連沉迷其中的孩子自己也不清楚。

這一點，每個人不盡相同。

先確認孩子想要滿足的需求，但別只鎖定在表面聲光刺激的滿足，雖然這或許也是原因之一。

面對孩子沉迷網路，爸媽往往會不假思索便怪孩子「就是愛玩」。從表面上看似乎是如此，但請深一層地去了解，因為沉迷之路不會只是如此簡單。

祕訣
098

逐漸收回時間

你觀察到孩子在電腦螢幕前所花的時間，比以前愈來愈多了。時間消耗在這裡，自然也代表了其他待辦事項或你認為的正經事，先被他擱著了，或者正確地說，是無限期地擱置。

我們都急著想要「砍掉」孩子使用網路的時間，甚至非理性地想要把「整段時間」都抽走。但這樣要不激起孩子的歇斯底里，還真的很難。

請提醒自己，貪心不得。

一開始，你只能虛心地期待他把一些時間還來，像蠶食一般急不得。

而你也別想鯨吞時間，要孩子即刻停止上網，回歸到你認為「該做」的事情上，這機率真的與彗星撞地球有得比。

我們需要給孩子一些時間，轉移去做另一件事情。當然，這麼做主要在於淡化他對於網路遊戲的依賴，避免他的時間被網路遊戲獨占，至少先把局勢打為寡占，或五五波也行。如果有一些事情來瓜分，並能滿足孩子原先在網路上的需求，這更是漂亮。

祕訣099 替代事物登場

若希望孩子不再受制於網路遊戲，那我們就得創造出另一個孩子可以寄託的替代物。如果網路遊戲被你視為是一種妖魔鬼怪，那麼你就得請出另一尊神明，這尊神明，當然就是你的孩子的滿足感可以被替代、安奉的所在。

面對孩子的耐受性，必須變化出一些事情讓孩子尋求替代，而這些替代活動，至少要能提供類似網路滿足孩子需求的功能。

例如，孩子的需求在於想要有人願意聽他說話，這一點在網路上要達到，相對比較容易。那麼在日常生活及校園裡，我們是否有這樣的替代人選？人肉搜索一下，喔，修正一下，把適合的人選找出來。

在現實中，有人願意和自己面對面聊天，多少可以滿足孩子情感上的需求，也能讓他在網路上花費的時間相對減少一些。

很難找嗎？千萬別這麼快就放棄，否則孩子會告訴你，他還是回到網路上就好，你們就別再自尋煩惱。從班上的幾十個人中，先找出兩、三個人吧！關於這一點，需要班級導師及輔導室老師共同協助。

祕訣100

嚴選探索活動

如果孩子的耐受性在於他需要花更多時間，在不同的對戰地圖中，面對更難殲滅的敵人取得獲勝，才能滿足原先的刺激，這時，當然得開始遴選相關具挑戰性的活動。

動腦想想，對青少年來說，具有自我突破的刺激活動有哪些？

攀岩、溯溪、登山，這樣的難度總該有吧？繩索垂降（單索、雙索、三索），越野車、自行車、獨輪車，潛水、跳水、獨木舟等，這些探索課程也都很適合。

要讓沉迷於網路的孩子跨出第一步，的確有困難。但是，當青春期孩子有機會接觸以上這些活動，他將有機會發現許多挑戰性的滿足的確需要真功夫，而非僅在電腦螢幕前敲敲鍵盤、動動搖桿或滑鼠而已。

演講時，我常常要現場聽眾仔細看看我，然後要他們猜猜看：「我以前學生時代是什麼社的社長？」答案不外乎辯論社、話劇社或舞蹈社。喔！不，我可是登山社的！沒錯，正是扎扎實實的登山社社長。

好漢不提當年勇，但是如果偶有當年勇，多多少少還是提一下。至少、曾經，這些年少時代的登山經驗，扎實地拓展了我對於大自然的喜好與親近。

幫青春期孩子嚴選一些活動吧！

如果你願意開放選項，讓孩子有機會去探索，將可能鬆動他對網路刺激的需求。

孩子要的滿足感，不是我們強硬地把他們帶離網路就解決了問題。要滿足需求，也不是拿個軟木塞硬把整瓶香檳封起來就好。孩子是需要出口的，至少要有別的事物可替代。

問題二十五

【維持規律的生活節奏】

3C讓孩子的作息好混亂？

房裡一片漆黑，阿智抱著棉被轉身，拿起手機看了看時間：凌晨兩點。雖然夜裡的低溫冷得讓人直打哆嗦，但是心裡的那股欲望，卻讓整個身子熱了起來。悄悄地，他先將耳機插入電腦的孔中，輕輕地按了power鍵，一切無聲無息。

深夜裡，路上沒什麼人煙。但在網路上可是人聲鼎沸、熱鬧騰騰。阿智登錄了帳號與密碼，瞌睡蟲早就被喚醒，不知去向。在電腦螢幕前，他的精神可是好得沒話說。每天，他就是在等待著這一刻。凌晨兩點，當一牆之隔的爸媽都進入夢鄉，正是他在虛擬世界大展身手的時刻。

當身處在虛擬世界裡，時間是不存在的。

你被孩子3C勒索嗎？

但終究天會亮，爸媽會醒。身體和腦袋長時間緊繃著，在光線透入窗簾的那一剎那，阿智的眼皮也開始沉重起來，他累了、倦了、想睡了。雖然，其他人慢慢都甦醒了。

他沒想那麼多，或者說，真的是累了，什麼也沒得想，天亮後便切換至睡眠模式，這陣子成了阿智的固定模式。

「阿智，起床囉，該上學了。」

媽媽一開始總是先輕聲細語，但是當一次又一次無法叫醒、搖醒眼前這疲憊的身軀，被時間給逼急的媽媽，叫他起床的語氣與火氣頓時也開到最大。

「阿智，你給我起床，聽到了沒？我再警告你一次，再不起床，上學遲到你就自己負責！」

負責？說真的，阿智整個人已累到不省人事，哪聽得進去媽媽的警告。

依照校規，無正當理由而經常遲到，屢勸無效者要被記警告。對於阿智來說，遲到當然有不可說的理由。這一、兩學期他因缺席而累計起來的過，扣掉銷過的部分，還有兩支小過、兩支警告。

只是這些來自於學務處的警告，就如同每天媽媽無停歇的警告一樣，對於阿智來說都起不了作用。

父母開始正視孩子在3C使用上的警訊，有一部分是來自於學校開始一波波寄出孩子無故遲到、缺曠課的通知，及操行成績不及格。

孩子該上學卻不上學，還賴在床上、窩在家裡，這怎麼得了？

其實，在父母因為孩子網路沉迷或成癮而尋求心理諮商的過程中，有一部分的推動力量來自於眼前的孩子怎麼輟學了，窩在家裡，不上學。這對於爸媽來說哪是能夠忍受的事，但卻又莫可奈何。

因為使用3C產品而造成生活作息出了大紕漏的國、高中生，在實務上非常地常見，而這個問題形成的過程也絕非三兩天。等到生活作息一團混亂、脫序了，這時再情急尋求協助，在處理的難度上當然又加高了一層。河道的土石堆積絕非是一天、兩天的，當土石淤積，河床被墊高，在颱風豪雨的季節，河流潰堤的風險當然更高。

面對孩子生活作息的混亂，你該怎麼辦？

你被孩子3C勒索嗎？

擺脫3C與網路成癮的祕訣指南

祕訣101

孩子，你的本錢夠不夠？

面對青春期孩子，我經常拋出一句話：「你有本錢晚睡，就要有本錢早起。」沒錯，既然青少年常常強調「實力」，那我們就讓他檢視自己，有沒有這個「本錢」。

晚起，先別談藉口，雖然孩子也不敢太大剌剌地跟你說，自己昨晚熬夜在玩3C。

一句話：「你的本錢夠不夠？」

孩子真的得摸摸口袋，敲敲腦袋，看看自己有沒有熬夜的本錢。如果是熬夜容易，起床難，很抱歉，本錢根本不夠。

既然資金不足，條件不夠，那就請孩子安分地早一點睡。

秘訣102

移除3C消夜

然而，關鍵也在這裡。孩子心裡或許也知道該早睡，但假如使用3C的封鎖線沒設定好，想歸想，受不了誘惑的他又會把3C當「消夜」；整晚「消化不良」，又只好晚睡……早起，成了一種奢求。

如果孩子沒有辦法自律，特別在消夜時間總是飢腸轆轆，渴望的心老惦記在3C上面，那就把「3C消夜」移除吧！就連餐廳也有最後點餐時間。

你被孩子3C勒索嗎？

移除3C，別讓它與孩子共眠。無論手機、平板或電腦，你得做好疏散。若孩子舉牌抗議，就回到原來的那一點：「孩子，你還沒有本錢。」

祕訣103

規律的睡前活動

我們都希望孩子的生活作息能夠規律。然而，每天一大早我們往往唉聲嘆氣，煩惱孩子怎麼叫不醒。與其一直因起床的時間點而困擾，倒不如先把時間往前推，仔細推敲孩子都是幾點睡的。

要讓孩子能夠好好入睡，或許可以思考一下睡前活動的安排，關於這一點，每個人不同。有些人睡前洗澡好入眠，有些人則是睡前聆聽好音樂，有些人翻閱厚重小說，有些人則是睡前做伏地挺身、仰臥起坐或夜間散步有好眠。

一起與孩子腦力激盪吧！列出適合他的睡前活動。

但可以確定一件事，睡前若長時間守在3C前，這些刺激大都會讓孩子失眠。

祕訣104

揮別無效的警告

有的孩子因為遲到、曠課而被學務處記警告，但說實在的，效果不太好，對某些孩子來說，這只是一種形式，無傷大雅，不去在意也無所謂。

如果警告發揮得了作用，其實只要一、兩次，孩子下回睡過頭就會緊張地跳起來。但對於使用3C而生活作息出問題的孩子來說，睡過頭，頂多翻個身，棉被一蓋頭，繼續呼呼大睡。

警告無效，小過無感，大過再說。

當生活作息出了問題，孩子卻沒有嚐到後果，當然就會「繼、續、混、亂、下、去」。

你可能會搶著說：「等等，難道記警告不算後果？」這只對在意的人有效，但是對不在乎的人來說，很抱歉，是沒效的。

請你回頭想想，你的孩子在意什麼？如果你們曾經有約定：一旦被記警告達標到哪裡，3C使用就只好被管制，這一點，或許孩子會更在意。

你被孩子3C勒索嗎？

祕訣105

賦予晨間任務

我常常分享一件事：「孩子喜歡被稱讚，大人也一樣。」不然，我們每天都在看ＦＢ貼文被按了幾個讚，是在幹嘛？

製造孩子被稱讚、被肯定的機會，而這個時間點，就在上學日的早晨。像打排球一樣，幫孩子做球，讓他殺。賦予他早晨在學校的任務，給些微的責任，讓他被看見。責任有時會帶來一些壓力，而適度的壓力，則有助於讓孩子充滿活力與元氣。

在國中的校園服務中，我曾經遇過一次有意思的經驗。當時有個孩子，遲到、曠課是家常便飯，但是校長做了一件非常漂亮的事，協助他調回了作息。有一次在朝會時間，校長公開賦予這個孩子一項任務，就是協助學校勸導一些有中輟疑慮的同學，讓他們可以準時依規定到校。

校長的這個任務也傳達了一個訊息：孩子，我相信你一定可以做得到。孩子感受到自己被賦予重任，被公開肯定了。於是他開始早起到學校，巡視看看那些同學來了沒，不知不覺中，自己的作息就被翻轉而規律了。

祕訣106

讓3C往假日疏散

假日玩3C，這大概是許多父母允許的底線。假日才能玩3C，除了讓孩子在週間有喘息、延宕使用3C的經驗，同時，等待也是學習自我控制、情緒管理的一項好練習。

假日玩3C，週間請喘息，也讓孩子能夠與3C之間維持適當安全車距，預防太過親密、減少過度依戀，當然也包括平時多善用時間、管理思緒。

不過，對喜愛的事物有期待很自然，但如果孩子成天都在企盼星期六、日趕快來，被這份期待塞住了心思，讓他廢寢忘食或心不在焉，這就不會是一件好事。

如果出現這樣的傾向，那我會建議你多延長使用3C的間距，例如從原先的一週調整成為兩週，甚至於三週、一個月。

當然，誰說假日一定要玩3C？如果孩子對於其他事物感興趣，無論是閱讀、騎車、打球、桌遊、出門踏青或郊遊、遠足，這些當然也都很好。

寧可讓孩子與3C若即若離，千萬可別形影不離。

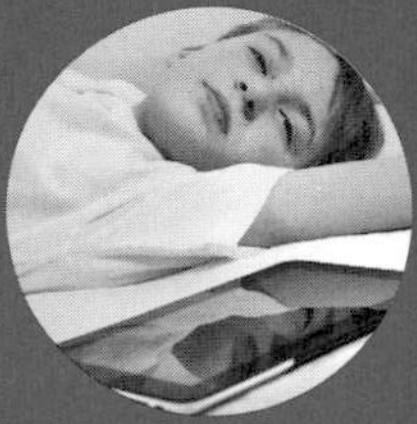

遠離網路成癮第5部

破解成癮的共伴效應

問題二十六

自我控制能力的掌握與拿捏

【過動兒對3C難以抗拒】

過動兒愛嚐鮮，對於新奇、富變化的事物尤其感興趣，總是能在第一時間知道現在流行什麼。

這麼說好了，在校園裡的一群特殊需求學生中，過動兒可以說是很貼近潮流的，甚至於與一般生相較，也不遑多讓。

過動兒愛玩3C，無論是手機、平板、電腦、網路、電視或遊戲機，大都能夠玩上一手，論升級、談功力、比手感，過動兒的經驗值往往是有目共睹。

在實務工作中，我經常發現，要與過動兒進行諮商會談，不但挺費心思，也有些困難，因為臨床上被診斷為注意力缺陷過動症（ADHD）的這些孩子，在需要專注、計畫、組織、思考、執行、控制的前額葉表現不佳。

對於需要思考的抽象問題或自我覺察的能力，過動兒相對較弱，也不耐回應。用白話來說，就是「不愛想」、「懶得想」和「很難想」。

但是，當話題轉到３Ｃ的領域，你會發現就像在他眼前輕彈了一下手指，讓他的神回了過來。他的眼睛明亮閃爍，話匣子打開了，甚至很有系統地跟你聊了起來。

這樣的例子，我就曾經遇過。一個在課業上像木炭泡水般燒不起來的孩子，成績低落、缺乏學習動機，但是當你請他比較「ＣＳ」和「ＳＦ」這兩款戰爭射擊遊戲，他卻能夠非常「專業」地分析、評比兩者的優勢和劣勢、共同點與相異處。

但過動兒愛３Ｃ，卻是許多父母切身頭痛的事。３Ｃ誘惑無所不在地召喚，讓父母成天擔憂自己控制力差的孩子，會不會就此沉迷、成癮，而一蹶不振。

３Ｃ在眼前卻能面不改色、不受誘惑的過動兒真的是稀有。說真的，連一般孩子都難以抗拒了，更何況是在生理上，自我控制能力處於下風的過動兒。

過動兒愛３Ｃ怎麼辦？讓我們一一來破解。

你被孩子3C勒索嗎？

破解3C與網路成癮共伴效應的祕訣指南

祕訣107　立即回饋的愉悅需求
祕訣108　孩子要具體列出使用目的
祕訣109　攻擊、暴力、色情止步
祕訣110　3C產品壓最後才碰
祕訣111　時間到就馬上停，乾淨俐落
祕訣112　孩子玩3C，爸媽要在旁

祕訣107

立即回饋的愉悅需求

3C令過動兒著迷，不是沒有原因的。

過動兒在生理上，有著一種需要立即回饋的需求，而這一點是許多線上遊戲、社群軟體或Apps馬上可以餵養的刺激。

眼看著分數不斷改變、按讚數不斷增加，或網友即時的回應，甚至於LINE無間斷的叮咚叮咚，這些對於過動兒來說，都是一種生理上的爽快享受，多巴胺點數隨之上升，愉悅感與欣喜感滿溢。

當你了解這一點之後，對於看待過動兒喜歡3C這件事，或許就比較能夠有所同理，而不會只是批評、埋怨：「為什麼這孩子總是說不聽？」

演講中，我常常在講，如果過動兒用說的有用，那ADHD就不會是一種疾病，你也不需要擔心了。

祕訣108

孩子要具體列出使用目的

過動兒不愛思考，不想思考，有時也難以思考。如果你曾經和過動兒相處過，會發現他們常常是一問三不知：不知道、不知道，還是不知道。

但是，這回就是因為他常常不知道，所以我們更要特別問他：「使用3C的目的是什麼？」

你被孩子3C勒索嗎？

沒錯，就是要讓孩子好好地告訴你「目的是什麼」，講得愈清楚愈好，能夠具體條列寫下來更棒。

但是，思考與寫字都是過動兒的罩門，所以他可能會抱怨：「拜託，玩就玩，還要用寫的，很累耶！」

那很簡單，就是不要玩而已。

我的立場與原則是，3C如果是作為一種娛樂，而孩子連思考自己的使用目的並寫下來都嫌累，那麼這些3C產品更不應該出現。

不是我故意想吊孩子胃口。畢竟3C是重口味，如果吃多了，像思考及書寫這些原本就讓過動兒感到枯燥無味的營養品，他將會覺得更乏味。基於身心的營養均衡，還是得讓他想、要他寫。

秘訣109

攻擊、暴力、色情止步

線上遊戲的類型五花八門，例如：角色扮演類型、格鬥類型、體育競技類型、音樂舞蹈遊戲、射擊類型、戰略類型、競速類型、益智類型等。

請特別留意過動兒傾向於玩哪些類型的遊戲，這牽涉到了孩子的自律是否夠成熟。

過動兒讓人頭痛的點，就是栽在自律這一點。失控，往往是他們被轉介及尋求協助的核心原因。

在與過動兒相處的經驗中發現，對於已經陷入格鬥、攻略、射擊、競技或大型角色扮演類型遊戲的孩子來說，當你拿出平板、秀出iPad，開啟益智類型、解謎類型的遊戲時，要先有心理準備，多數過動兒都會唉聲嘆氣，搖頭晃腦地跟你推說：「無聊！」「我不想玩！」「我不會玩！」

其實孩子話中有話，他就是想要重口味。但是像聲光刺激、大砲轟擊、槍林彈雨、格鬥拳擊……很抱歉，小店沒有。當下，我就只能提供益智和解謎類型的遊戲先開胃，雖然，過動兒可能會覺得反胃。

攻擊、暴力、色情得止步。對於自律能力不佳的過動兒來說，這是絕對不允許跨越的紅線。

你被孩子3C勒索嗎？

秘訣110

3C產品壓最後才碰

一整天的待辦事項，就像跑大隊接力一樣，請提醒自己，別把3C安排在第一棒。

雖然有許多過動兒會自告奮勇地表示：「我想先玩電腦。」「我想先滑手機。」「我想先看電視。」但很抱歉，3C的後勁太強了。跑了第一棒，就怕孩子躁動停不下來，時間被無限期延伸。經常遇到過動兒在玩了3C之後，就很難再銜接到當下該做的事，特別是需要思考、閱讀與寫作時。

請徹底執行：先做「該做」的事，再做想做的事和喜歡的事。

使用3C之前，當然先確認孩子有沒有把該做的事情做好。絕對不接受「等、一、下」或者「我、要、先、玩」的回應。

在從事兒童青少年心理實務工作中，我發現當父母讓孩子把3C放在前面時，這樣的模式經過一段時間的操作後，接下來，孩子就很難轉換到他原先該做的事情上。有時，孩子花了很長的一段待機時間，卻仍然無法順利進入狀況，做該做的事。

當我們把3C視為孩子的一種娛樂，它的位置應該排在最後。孩子能夠維持專注的時間有限。如果讓3C先吃掉了孩子寶貴的心思，耗盡了他的體力，接著能夠運用的將所剩無幾。

祕訣 111

時間到就馬上停，乾淨俐落

過動兒在使用3C產品時，同樣必須維持「定期定額」的原則，使用時間與額度要固定。

不需要翻農民曆，挑良

辰吉時，但是要守住前面所提到的「做該做的事，做喜歡做的事，做想做的事」的原則。等孩子盡責地完成待辦事項之後，再依彼此原先約定好的時間，量少、定額地讓他使用。

你被孩子3C勒索嗎？

3C很容易讓孩子流連忘返，對於過動兒來說，更像是墜入到不存在的時空中。你的嗓門沒開、計時器沒響，他就繼續沉浸在這虛擬、充斥著聲光的深淵裡。3C世界讓過動兒有一種「自己也能全神貫注」的假象。

過動兒對於3C的時間管理與自我控制，是一道難度極高的挑戰。在他使用3C的過程中，我們有必要讓他練習察覺時間的流逝，並且時間一到，下好離手，沒有任何的託詞與藉口。這也決定了過動兒是否能夠在這波3C的誘惑下，全身而退。

祕訣112 孩子玩3C，爸媽要在旁

眼不見為淨地全面管制，終究消極了一點，畢竟在生活、學習、人際和工作上，孩子與3C總有狹路相逢的一天。更何況，現在大人與孩子們早就暴露在3

C的環繞裡了。

面對３Ｃ，過動兒應適可而止，這是比較安全的做法。但如果要透過３Ｃ來了解眼前的孩子，甚至於在不得不使用的情況下，如何讓孩子能優游其間，這也是一件值得思考的事。

玩３Ｃ，不落單。並不是要孩子呼朋引伴玩３Ｃ，而是當孩子使用３Ｃ產品的同時，爸媽最好守候在旁。

你倒不需要也同步和他玩３Ｃ，但是你的身影、你的存在，對於沉浸在３Ｃ世界的孩子來說，多少是一種干擾或噪音。同時也是一種提醒：

爸媽在這裡，玩遊戲，請你點到為止。

問題二十七

興趣的擴展與話題的延伸

【亞斯伯格症對3C過度執著】

亞斯伯格症的孩子對於特定事物的執著是有目共睹的。對於父母來說，當孩子太過於投入特定的興趣與嗜好，到底該不該讓孩子繼續「沉迷」或「涉獵」下去？這常常是兩難的抉擇。

與亞斯伯格症孩子相處，會發現當他一鎖定目標，就像花豹遇見眼前白皙、肉汁鮮美的兔子獵物，他會全神貫注在這件事情上。

亞斯伯格症的孩子有排他性，因為過於專注在特定事情上，而對其他的事物沒興趣、沒感覺，關閉了所有注意力的窗，使得他們很容易鍾情及專一在某個領域上。

如果這些專注的事物，與孩子的課業學習內容有關，例如對於數學、天文、物理、化學、地理、歷史、昆蟲或語言等感興趣，或許你還會鬆了一口氣。但是如果所愛的不是這些，相反地，卻是在你的印象中與學業背道而馳的3C產品，這時，你的煩惱與擔憂可想而知。

在臨床實務上，的確很常遇見亞斯伯格症孩子對3C著迷。3C對於一般的孩子是一種誘惑，而如果是讓亞斯伯格症的孩子遇上了，他與3C關係的發展將更為迅速、深入，難分難捨，甚至可以宅在家，足不出戶。

關係發展到這裡，讓許多亞斯伯格症的家長既灰心又無能為力。中輟、拒學、休學的例子，不時可見。要和孩子開門見山溝通，更是難上加難。

「不要說談，他連房間的門都鎖住了，可以窩在裡面連續幾個小時。」這時，你會認為與亞斯伯格症孩子像是處在兩個不同的星球上，咫尺天涯，無緣相見，但明明你們又相處在同一個屋簷下。

先不管沉迷或成癮，就怕孩子餓死在房間裡。有些爸媽的確如此煩惱著。難道你要破門而入嗎？

你被孩子3C勒索嗎？

別鬧了！對於亞斯伯格症孩子，當你選擇如此激烈的方式，他不和你起肢體衝突或離家出走才怪。有時，你就怕激怒了孩子。當亞斯伯格症孩子歇斯底里時，你實在無法預期他會做出什麼不可逆的行為。

「讓他玩3C，至少他現在人還在家裡。」這是許多爸媽的莫可奈何。

破解3C與網路成癮共伴效應的祕訣指南

祕訣113 取得「啟動對話」的密碼

祕訣114 別被列入黑名單

祕訣115 從孩子感興趣的話題切入

祕訣116 主動與孩子分享

秘訣 113

取得「啟動對話」的密碼

面對眼前這個棘手的問題，請先試著確認孩子著迷的點，例如是哪些領域、遊戲、程式、Apps或社群網站，讓他流連忘返。

先接納孩子現在使用3C的狀況。雖然你不認同他所做的事，但這卻是讓你有機會走進孩子內心世界的第一道關卡。

你得先取得「啟動對話」的密碼。

秘訣 114

別被列入黑名單

面對亞斯伯格症孩子，一定要提醒自己，避免第一回合就被他列入「黑名單」。在他的二分世界裡，當你一腳跨入「黑」部落，這時你和他的關係就很難翻轉了，你可能會半夜不斷地翻身、失眠、睡不著，心想：「為何我會落到如此下場？」第一印象是很重要的。與亞斯伯格症孩子相處請記得，先別一副想要「強迫他怎麼做」的態度。

如果對於亞斯伯格症的孩子有一絲絲的了解，你將會發現「他們是無法被強迫的」。當你採取強硬的方式，無論是拉高說話音調、放大說話音量、字裡行間都是一味地要求，甚至於出現肢體碰觸，這關係要不黑，很難。

祕訣115

從孩子感興趣的話題切入

雖然亞斯伯格症孩子無法被強迫，但是卻很單純地容易被轉移，甚至會打破一般人以為他們很難相處的刻板印象。只要你試著從孩子感興趣的話題切入，或許他的眼神沒有直視著你，但就怕他侃侃而談會讓你招架不住。

這時，溝通的門為你打開了。從這個話題中，你試著去感受孩子著迷的關鍵之處，當然，多少也要發揮福爾摩斯的推理精神。

試著尋找在孩子著迷的內容當中，是否有如珍珠般璀璨的亮點。比如他對網路遊戲程式設計很著迷，或者對於當中角色如數家珍，或是陶醉於銀河系的九大行星裡。

讓這些亮點與其他媒介相連結。例如，當孩子熱衷於上網瀏覽銀河系的資料時，就有機會引導他和你一起去圖書館收集資料，甚至出門去一趟天文館。如果是在台北，順道來趟附近的兒童新樂園之旅都行。

順著孩子對3C的投入，將他漸漸帶出3C的世界。如果孩子能夠在虛擬與現實中切換自如，在螢幕前和家門外，交錯穿梭，他對於3C著迷的黏性也比較能像便利貼般，容易撕下來，再重新貼上。

祕訣116

主動與孩子分享

我常常引以為傲的一件事，就是主動與孩子「分享」，這件事，我可是做得相當徹底。例如每回只要在FB上看見有意思的新聞、網頁或影片，我都會先儲存起來，再找適當時間和孩子分享。我因為演講關係常在各地移動，遇見了新鮮事，回家也會分享。

爸媽先拋出分享，對親子關係來說，也是製造共同話題的一種機會。3C真的不壞，就看我們如何去使用它，發揮它最大的效益。

有時，我的分享燃起了孩子的樂趣、專注與笑聲。有時則換來「喔？」一聲，孩子瞄了一眼後，隨即感到無趣地轉身離開。雖然偶爾會感到有點熱臉貼冷

你被孩子3C勒索嗎？

屁股，但也讓我有機會檢視對孩子的了解與熟悉程度。

遇到亞斯伯格症的孩子，你也可以比照辦理。

３Ｃ是否讓親子之間的話變少了？這要看我們和孩子是如何使用３Ｃ的。

其實，３Ｃ也可以是親子溝通的媒介、平台，甚至是一扇窗，只要你和孩子不是各自低著頭滑手機，沒有交集——在這種情況下，對話當然明顯減少了。

在以亞斯伯格症為主角的電影《阿蒙正傳》（Simple Simon）裡，阿蒙對哥哥的前女友菲達說：

「我不能改變，但你可以。」

同樣的道理，面對與亞斯伯格症孩子的溝通，當我們願意尋求改變，那麼孩子脫「癮」而出的機率也將相對提高。

孩子需要拓展興趣與生活重心，重新編織出一種生活型態。世界如此之大，跳開手機、平板和電腦螢幕，孩子需要放眼外在的事物，那片更為寬廣的「螢幕」——孩子需要懂得過生活。

問題二十八

【強迫症與網路成癮形影不離】

同理孩子情非得已的焦慮

「不能按，不能按，我不能按。」面對眼前一片漆黑的電腦螢幕，啟仁在心裡一直反覆告訴自己，但是，手指頭浮在鍵盤上抖動著。「忍住，忍住，這回我一定要忍住。」

他試著將雙手緊握，生怕自己的手指頭一控制不住，就猛然往power鍵按下去。一旦畫面啟動就會沒完沒了，自己又將耗掉好幾個小時在網路上。

但是，就是這個「但是」，又讓啟仁忍不住把手指頭輕輕地放在power鍵上。與其說輕輕地放著，倒不如說是自己強烈地克制住了那股「不准動」的念頭。手指頭至少被腦袋瓜牽制住了。

然而，腦海裡的撒旦在作祟，有個念頭像第四台的廣告插播般不斷地彈跳出來，讓人感到厭惡，卻又招架不住。「你要全面掌握資訊，否則將來會被淘汰。你要全面掌握資訊，否則將來會被淘汰。你要全面掌握資訊，否則將來會被淘汰。」這句話像魔音傳腦般，讓啟仁分了神，根本無法專注在眼前的課業上。

「全面掌握資訊，全面掌握資訊，全面掌握資訊。」這股「全面」掌握資訊的想法，像龍捲風般把他的焦慮捲了起來。

啟仁的手指頭抖動著。不，正確地說，應該是全身都在抖動著。暗黑的電腦螢幕像要把他吞噬，令他感到非常痛苦。

「全面掌握資訊，全面掌握資訊，全面掌握資訊。」啟仁深深地吸了一口氣，「只要一次就好。」他在心裡暗示著自己，但左手食指早已搶先一步按下了power鍵，電腦螢幕啟動了。他的心情頓時鬆懈了下來，焦慮感消解了許多。

一如既往，啟仁仍然不斷地在一個網頁、一個網頁上切換。4G的速度，再加上網路的超連結，讓他幾乎以短短數秒的速度查看著一個又一個網頁。但與其說查看，倒不如說一個又一個彈跳出的網頁，就讓他心裡稍微獲得了舒緩。

當然，啟仁也知道，這樣的舒緩只是個假象。「全面掌握資訊，全面掌握資訊，全面掌握資訊。」將讓自己一整個晚上沒完沒了、沒完沒了、沒完沒了地在網頁之間切換。複製、貼上、貼上、複製，下載、另存新檔、另存新檔、下載……一切終將像個迴圈般，沒完沒了。

強迫症（Obsessive Compulsive Disorder, OCD）是一種高度痛苦的焦慮。當事人自己很清楚如此的痛苦，但他卻不見得想要讓你知道。然而，這些隱藏在想法裡的怪、不為人知的怪，卻很容易在日常生活中透過強迫行為呼之欲出。

怕被看見、怕被發現的焦慮，更容易引起當事人另一波的焦慮。焦慮讓強迫性的思考又開始轉動，思考一轉動又換來焦慮，當事人就只好透過一些儀式、重複性的行為、動作或認知活動，來減緩這些焦慮。

這些重複性，當事人也知道很奇怪而且不該，但是這麼做，至少讓自己在第一時間輕鬆許多。當然，這樣的輕鬆是相當短暫的；沒多久，強迫性思考又啟動，焦慮感又上升，沒完沒了的焦慮像迴圈一樣不停地轉動。就是這樣的沒完沒了，快要讓自己受不了，很是無奈。

你被孩子3C勒索嗎？

破解3C與網路成癮共伴效應的祕訣指南

祕訣117 體貼孩子「不上網不行」的不合理念頭
祕訣118 責罵只會雪上加霜
祕訣119 讓孩子感受到你想幫助他
祕訣120 運用「面對刺激，不反應」的技巧

祕訣117

體貼孩子「不上網不行」的不合理念頭

一般人上網、用手機，讓自己轉移了注意，獲得紓解與放鬆。患有強迫症的孩子也是一樣，只不過，造成他不斷上網、使用手機的原因，主要是背後有一股強烈的強迫性思考在推動著：不上網不行。

當孩子有所自我覺察，他會知道這樣的念頭是不合理的。但重點是，他自己沒有辦法控制這樣的念頭出現。

這和亞斯伯格症的孩子不一樣。亞斯伯格症孩子總認為「事情就是那樣」，例如有些孩子在概念上就是認為需要全面地掌握資訊，所以他要上網，這樣他才能掌握全部內容。如果你不讓他上網，當然就阻斷了他走向全面掌握的路，這會讓亞斯伯格症孩子情緒波動，甚至於歇斯底里，因為你破壞了他的觀念，一種全面掌握資訊的觀念。

但是強迫症的孩子在想法上不一樣。他自己知道全面掌握資訊這是你他媽的哪門子規定——很抱歉，請容許我在這裡說了粗話，因為身受強迫症困擾的人，真的是忍受夠了。

無奈又無力的是，他自己知道，卻控制不了這樣的想法不斷地彈跳出來。

祕訣118 責罵只會雪上加霜

面對患有強迫症的孩子過度使用網路，你可能也會認為他沉迷、成癮。但是說真的，這時你去指責他、謾罵他或處罰他，後果只會雪上加霜，因為這並沒有解決到核心問題。

責怪的反應，甚至只會讓孩子認為你不了解他。

你的責罵，更引發了孩子另一層面的壓力，壓力又喚起焦慮情緒，撥弄著孩子的強迫性思考，這時，你的介入反而弄巧成拙，愈幫愈忙。

祕訣119

讓孩子感受到你想幫助他

強迫症的孩子，其實心思是很細膩的。如果你願意協助他，讓他感受到你想和他一起面對、處理他的困境，他是會非常感謝你的。

我在實務工作上常發現，強迫症的孩子發現你真誠地願意與他一起工作，他也很容易敞開內心，向你表露他腦海裡不想讓人知道的不合理念頭。

當強迫症的孩子願意開口了，多少也宣告著你們彼此的關係已經建立到一定的程度，孩子也產生了對於你的信任，以及他心裡那一股想要改變的動力：合理地使用網路。

祕訣120

運用「面對刺激，不反應」的技巧

當刺激暴露在眼前，自己不做出反應，這是實務上協助強迫症孩子時，常常運用的技巧。

在執行的過程中，當孩子面對電腦卻不能按下power鍵啟動，面對手機在眼前卻無法動手滑它兩、三下，或那二、三十下，兩、三百下，在這個時刻，他是非常焦慮不安的。

你可能會想：「別這麼殘忍，就讓他看個幾下、滑個幾下，不會怎樣的。」

但關鍵就在這裡。

當孩子面對暴露在眼前的刺激，例如3C產品，強迫性的思考驅動著他想啟動網路、拿起手機，但關鍵是，他沒有執行這道指令。這時，所要傳達與強調的訊息是：他控制住了。至少在這當下，他真的能夠控制住他強迫性的行為。

這股強迫行為的不反應會讓孩子焦慮難耐，這時，可以試著引導他進行放鬆的練習，比如做個深呼吸、聆聽輕柔的音樂、翻看漫畫、伸伸懶腰、澆澆花、在房間內走動、洗把臉、沖個澡，或走到窗戶邊吹吹風，任何只要能讓他感到放鬆的方式都可以。

當然更重要的是，讓他知道「自己的不反應」，他沒有上網、沒有滑手機，什麼事情都沒發生。

這也正宣告著：原本自己強迫性的念頭、擔憂會發生的事，其實並沒有如他所預期的出現。

別管強迫性思考了，別再讓它嚇唬你，一切原先被放大的擔心，其實是不存在的。當然，這個暴露不反應的過程不會一次到位，而是需要一次又一次地練習。從控制不反應、焦慮感浮現、轉移放鬆、想法的再確認到沒什麼事情發生，如此一遍又一遍地練習。

我想要強調的是，面對孩子在網路上疑似沉迷、成癮，有時並非只是表面上我們所看到的單純用網路的問題而已。特別是對於青春期的孩子來說，了解他們在網路行為背後所隱含的訊息，是相當重要的一件事。

問題二十九

【選擇性緘默症的網路存在之道】

階段性溝通與表達的平台

一回到家，品睿馬上奔進房間裡。當按下power鍵，螢幕彈跳出來時，是他一天最自在的開始，他伸了伸懶腰，深深地吸氣、吐氣，活絡一下僵硬的身軀。白天在學校忍了一整天，不，應該說是焦慮了一整天，不敢開口說話。但是回到電腦螢幕前，他轉換到另一個自己。匿名，讓他在線上可以暢所欲言，因為沒有人知道他是誰。

在線上聊天室，他不用擔心別人會說「我聽不清楚你在說什麼」、「你再大聲一點」這些從小到大讓自己既厭惡又害怕的話。因為在鍵盤上，一個字一個字敲打出來，它就是那麼結結實實地落在螢幕上，代替了他白天想說但沒說的話。

很明顯地，這一點讓他可以免除說話所帶來的焦慮與困擾。

他糾結的心裡也很清楚地知道，在學校不說話能讓自己維持在一個制高點，他可以有效決定哪些話要回、怎麼回，哪些話根本不需理會，有時一整天下來，他一句話都沒說，嘴巴只是微微地翕動。但緘默，還是會讓他渾身不自在。

然而，在網路上就完完全全不一樣。手指頭敲打著鍵盤，像是在為白天無法開口的嘴巴復仇，壓抑許久的心情，回到螢幕前便傾巢而出。一天裡，等的就是這個時刻。有時敲打著鍵盤，就像自己正在彈奏著輕快的旋律，心情自在飛揚。

但是爸媽始終無法諒解為什麼他回到家就窩在房裡，待在電腦螢幕前。

「我必須說網路救了我，在線上讓我還有存在的感覺，可以像別人一樣暢所欲言。

「你們無法體會那種想說又不敢說的痛苦，同學們常常竊竊私語，戲謔我像個啞巴或小媳婦似的，不敢哎一聲。在班上還有人故意拋問題要我回答。當然，不時也會遇到搞不清楚狀況的老師，硬是要我站起來回答問題。

「你可以想像，一個人在教室裡站起來，杵在那裡呆若木雞有多尷尬。但是回到線上，一切都不一樣了。」

望著電腦螢幕，品睿心裡激動不已。與其說是沉迷，倒不如說，網路聊天室讓他感到自己還是可以像一般人一樣侃侃而談，只是這回是透過鍵盤幫他說了話——從國小、國中到現在高中，沉默許久的話。

選擇性緘默症（Selective Mutism）是你預期他應該在該開口的場合說話，但他卻選擇緘默。他們並非說話有問題，不是啞巴，也非泛自閉症孩子。在某些特定的場所，例如學校，他們就是不說話，可是在家裡說話又可以很自然。在臨床上，這是一種屬於焦慮的疾患。

在校園諮商的過程中，經常發現選擇性緘默症的孩子，回到家後往往會長時間窩在電腦前，讓自己輕鬆自在許多。但父母通常無法諒解，總覺得老師抱怨孩子在學校不說話，成績也退步了，哪有回家還成天窩在網路上的道理？

有時，還可能會發生更糟糕的狀況，有些孩子回到家，乾脆也不願意和父母說話。這種「不說」，通常和在學校的「不說」不一樣。學校裡的不說是一種焦慮，在家裡則大都是屬於意願的問題了。

你被孩子3C勒索嗎？

破解3C與網路成癮共伴效應的祕訣指南

祕訣121　自我表露的階段性平台

祕訣122　化為對話的媒介

祕訣123　預防孩子依賴網路替他開口

祕訣121

自我表露的階段性平台

網路至少是個替代性媒介，讓緘默的孩子有了另一個出口。這樣的平台有它階段性的任務與角色，先不要急著把它拆解。我們可以試著了解孩子在網路上的使用狀況：他是流連於線上遊戲呢？還是熱衷於聊天室或其他地方？

如果在聊天室裡有他在班上的同學或認識的人，這當然最好。有些孩子適合筆談，就像在線上使用鍵盤敲打一樣，這也是另一種自我表露的方式。

你還是有些急，還是希望他能夠直接開口講，但是面對選擇性緘默症的孩子，請少安勿躁。一切急不得，我們需要一步一步去了解孩子的內在想法。

網路是個媒介，如果今天它能夠階段性地舒緩孩子的焦慮情緒，或扮演溝通表達的平台，我們當然非常樂見。

秘訣122

化為對話的媒介

如果你是孩子的輔導老師，也可以試著透過線上交談或委由父母協助，拋出一些較深層的問題讓孩子思考，進而以鍵盤敲打來回應。

我想，曾經與選擇性緘默症孩子接觸過的老師、治療師、心理師或醫師，大都有共同的經驗，孩子對於問題的回應，不是選擇沉默，不然就是簡單地回應你：點頭、搖頭，是、不是，有、沒有或不知道，都很常見。

網路或許提供了一個平台，讓孩子覺得他還有可以表達的空間。當然，如果彼此的諮商關係建立到一定的投契程度，你也可以提出透過網路來溝通或回應。

秘訣123

預防孩子依賴網路替他開口

試著在家裡幫孩子反映他在學校選擇不開口的方式，及他所面對的說話困境。孩子必須意識到，選擇性緘默對於自己在學習、人際、生活，甚至於未來工作的影響。

當然，還是必須強調一件事：面對選擇性緘默症的孩子，在預期該開口的地方，他是需要慢慢嘗試說話的。有一件非常殘酷的事情，也必須適時讓當事人，特別是青春期的孩子及爸媽知道：出了社會，沒有人會管你以前在學校開不開口。

請別讓孩子最後變成依賴網路來代替自己開口。

問題三十

【拒學孩子遇上網路沉迷】

引導孩子順利回歸校園生活

如果拒學與網路沉迷交織在一起，形成共伴效應，這對於孩子整體的身心適應來說，將是一場很大的摧殘。

到底是孩子沉迷網路而拒學在家？

還是拒學在家而沉迷網路？

這個看似雞生蛋、蛋生雞的難題，其實還是可以釐清的。

先來談談「拒學」和「懼學」的關係。你可以試著把兩者比擬成大餅和小餅。拒學範圍比較大，涵蓋了害怕、畏懼、逃避上學的懼學，以及懶得上學、抗拒上學的孩子。

你被孩子3C勒索嗎？

拒學的孩子沒有到學校時，人如果在家裡，我們要仔細去觀察他在家裡做什麼。由於他在家的時間相對很長，如果再加上父母外出工作，或照顧者無法監督控制孩子使用3C，在這種情況下，孩子趨近3C的機率自然就很大。

實務上，有些懼學的孩子雖然沒有上學，但是在家裡仍然願意準備課業。對於同學或老師所轉達、告知的家庭作業，有些孩子仍然願意去做。生活作息規律的也有，只是人沒有去上學。

這時在處理的焦點上，其實相對單純，可以先單純鎖定在「孩子懼學」這件事情。處理懼學議題是相當複雜的一件事，不亞於處理網路沉迷。

關於拒學和懼學，我們終究要找出原因。

懼學的孩子在被強迫出門前，經常會出現激烈反抗、歇斯底里、僵硬不為所動、積極抵抗、害怕、畏縮、焦慮等行為及情緒。所以，我們要先確認及定位孩子的壓力源，例如：

- 他是否在學校被欺負、霸凌而畏懼？
- 還是老師教學過於嚴格、擔心被責罵與處罰？

●或是學業成績低落、逃避考試或報告，低自尊與低自信等校園適應問題？如果你妥協了，允許他不上學。這時，原先被喚起的負向情緒會逐漸再舒緩下來。

當拒學與網路沉迷出現共伴效應，我們該如何解決與面對？

破解3C與網路成癮共伴效應的祕訣指南

祕訣124 拉起3C的封鎖線

祕訣125 透過LINE、FB作為了解的窗口

祕訣126 讓孩子感受「我做得到」

祕訣127 營造對話的家庭氣氛

祕訣128 尋找吸引孩子回歸校園的誘因

你被孩子3C勒索嗎？

祕訣124

拉起3C的封鎖線

懼學的孩子，先前的成績通常多少還能維持在一定的水準。沒有上學，大多時間也是在家裡。在針對懼學問題的處理上，請特別做好防護措施，拉起「3C封鎖線」，別讓他因長時間在家，轉而沉浸在手機、平板、電腦、網路、電視的世界裡。

有些懼學或拒學的孩子，在出門前，常容易出現身體的毛病，告訴你這裡頭痛、胃痛，那裡噁心、想吐，當你要帶他出門看醫生，他卻拒絕。但是，只要一沒上學留在家裡，這些狀況又會立即消失不見。

如果孩子拒學在家又碰起3C，這時你可以拋出自己的疑慮：既然身體不舒服，照理說應該躺在床上休息或出門看醫生，哪還有體力玩3C？孩子需要說服你，否則，3C須遠離。

當孩子害怕、逃避或畏縮上學，而選擇待在家裡，所換來的安全舒適的感受，對孩子來說是一種「獲得」。如果在家又可以享受3C所帶來的娛樂，又是另一種「獲得」。

雙重獲得的加持，將強化孩子繼續不上學的念頭。

祕訣125 透過LINE、FB作為了解的窗口

3C也可以發揮積極作用。

以3C作為與同學、老師溝通的平台，讓孩子與學校仍然有互動交集，多少也可以扮演令人安心的角色。

例如，有些懼學的孩子會透過社群網站，例如FB或LINE和同學互動、了解學校與班上的近況。

這時，3C的介入，目的在於讓孩子緩解害怕、畏縮，增加他勇於上學的動力。

但請提醒自己，在使用時，你須陪伴在旁，確認孩子是與同學互動，而非上網玩遊戲、看影片等娛樂性質的內容。

祕訣126 讓孩子感受「我做得到」

懼學的孩子需要成功經驗，要脫離網路沉迷也是一樣。「我做得到！」這種

你被孩子3C勒索嗎？

實際的證明很重要。

不妨慢慢地、有系統地減除孩子對於上學的敏感心情。怎麼做呢？可以先陪伴孩子上學，時間長短、陪伴的地點和距離都可以適時調整，讓孩子稍獲安心。

趨近所害怕的情境，是個大方向。害怕上學，就得慢慢讓孩子暴露在上學的路途上。

同時，讓孩子了解他原本擔心、害怕或畏懼的事情，並不會發生。幫助孩子逐步減少停留在電腦、手機、平板、螢幕前的時間，讓孩子感受他做得到。

祕訣127

營造對話的家庭氣氛

當孩子拒學，你用威脅的，狀況只會雪上加霜，他很難因此妥協，而斷然離線去上學。

如果孩子願意和你談呢？那當然最好，但是說真的，單單這一點，在許多家庭裡，有時比要孩子脫離網路還困難。

因此，營造對話的氣氛是父母必須付出成本，也是需要永續經營的。

和拒學與沉迷網路的孩子溝通，請先拋開上對下、命令式的對話——老實說，這也不叫溝通，而是一種命令。

很抱歉，青春期的孩子是不聽的。如果這樣的「命令」能發揮效果，那麼這一章你可以忽略不看，自行跳過去，因為你的孩子拒學或網路沉迷的狀況，或許早已解決。

但是，這樣的機率真的不高，你無法太過於期待。

面對兒童、青少年，最煩惱的就在於眼前的孩子很少去想、很少思考，也很少自我覺察。說真的，這樣的情況很容易見到。

如果孩子願意和你對話，請試著運用這樣的句型：

「爸媽應該怎麼做，你才願意上學？」

「爸媽應該怎麼做，你才願意離開網路？」

當孩子願意去想，他也就有了自我覺察的機會。

祕訣
128

尋找吸引孩子回歸校園的誘因

在輔導諮商上，最棘手及複雜的情況是孩子沒上學，人卻在外遊蕩。除了顧慮行為偏差、參與幫派聚眾滋事外，如果這時青少年孩子也出現網路沉迷，就會讓人擔心他成天窩在網咖裡。

這時的拒學，存在著較多反抗的味道，同時我們也不免憂心，孩子處在那個龍蛇雜處的網咖環境，除了拒學及網路沉迷之外，也有可能做出違法行為，踩了法律的紅線。

面對如此的拒學，我們需要思考的是：如何讓孩子願意回歸學校？

先別談什麼「上學是義務教育」這種對孩子來說超級無感的大道理。你不期待孩子在家或在網咖就讀「３C國小」、「３C國中」或「３C高中」，但是否有任何誘因，讓孩子願意跨入自己該去的學校？例如增加電腦課程的安排，或同學接納他一起參加社團。

拒學的成因相當複雜，有時，連當事人都釐不清那條「關鍵的線」。

至於回歸校園的誘因是什麼？每個孩子的需求不同，比如被接納、被肯定、被認同，有表現的機會與成就感，甚至於認為「好玩」，都可能是因素。

幫助孩子回歸學校，讓孩子遠離網咖的烏煙瘴氣，揮別對網路的沉迷，回復以往規律的生活作息。

破解拒學與網路沉迷的共伴效應，我們大家一起攜手努力。

國家圖書館預行編目資料

你被孩子3C勒索嗎？／王意中著 --初版.
--臺北市：寶瓶文化，2016.5
面； 公分.--（catcher；83）
ISBN 978-986-406-054-2（平裝）

1.親職教育 2.親子關係 3.網路沈迷

528.2 105007115

catcher 083

你被孩子3C勒索嗎？

作者／王意中 心理師

發行人／張寶琴
社長兼總編輯／朱亞君
副總編輯／張純玲
資深編輯／丁慧瑋 編輯／林婕伃
美術主編／林慧雯
校對／丁慧瑋・陳佩伶・劉素芬・王意中
營銷部主任／林歆婕 業務專員／林裕翔 企劃專員／李祉萱
財務／莊玉萍
出版者／寶瓶文化事業股份有限公司
地址／台北市110信義區基隆路一段180號8樓
電話／(02) 27494988 傳真／(02) 27495072
郵政劃撥／19446403 寶瓶文化事業股份有限公司
印刷廠／世和印製企業有限公司
總經銷／大和書報圖書股份有限公司 電話／(02) 89902588
地址／新北市新莊區五工五路2號 傳真／(02) 22997900
E-mail／aquarius@udngroup.com

著作完成日期／二〇一六年二月
初版一刷日期／二〇一六年五月十六日
初版三刷+日期／二〇二四年一月十日
ISBN／978-986-406-054-2
定價／三二〇元

AQUARIUS 寶瓶文化事業

愛書人卡

感謝您熱心的為我們填寫，
對您的意見，我們會認真的加以參考，
希望寶瓶文化推出的每一本書，都能得到您的肯定與永遠的支持。

系列：Catcher 083　書名：你被孩子3C勒索嗎？

1. 姓名：＿＿＿＿＿＿＿＿　性別：□男　□女

2. 生日：＿＿＿年＿＿＿月＿＿＿日

3. 教育程度：□大學以上　□大學　□專科　□高中、高職　□高中職以下

4. 職業：＿＿＿＿＿＿＿＿

5. 聯絡地址：＿＿＿＿＿＿＿＿＿＿＿＿＿＿＿＿＿＿＿＿

聯絡電話：＿＿＿＿＿＿＿＿　手機：＿＿＿＿＿＿＿＿

6. E-mail信箱：＿＿＿＿＿＿＿＿＿＿＿＿＿＿＿

□同意　□不同意　免費獲得寶瓶文化叢書訊息

7. 購買日期：＿＿＿ 年 ＿＿＿ 月 ＿＿＿日

8. 您得知本書的管道：□報紙／雜誌　□電視／電台　□親友介紹　□逛書店　□網路　□傳單／海報　□廣告　□其他

9. 您在哪裡買到本書：□書店，店名＿＿＿＿＿＿　□劃撥　□現場活動　□贈書　□網路購書，網站名稱：＿＿＿＿＿＿＿　□其他＿＿＿＿＿＿

10. 對本書的建議：（請填代號　1. 滿意　2. 尚可　3. 再改進，請提供意見）

內容：＿＿＿＿＿＿＿＿＿＿＿＿

封面：＿＿＿＿＿＿＿＿＿＿＿＿

編排：＿＿＿＿＿＿＿＿＿＿＿＿

其他：＿＿＿＿＿＿＿＿＿＿＿＿

綜合意見：＿＿＿＿＿＿＿＿＿＿＿＿＿＿＿＿＿＿＿＿＿＿＿＿

11. 希望我們未來出版哪一類的書籍：＿＿＿＿＿＿＿＿＿＿＿＿＿＿

讓文字與書寫的聲音大鳴大放

寶瓶文化事業股份有限公司

（請沿此虛線剪下）

廣　告　回　函
北區郵政管理局登記
證北台字15345號
免貼郵票

寶瓶文化事業股份有限公司　收

110台北市信義區基隆路一段180號8樓
8F,180 KEELUNG RD.,SEC.1,
TAIPEI.(110)TAIWAN R.O.C.

（請沿虛線對折後寄回，或傳真至02-27495072。謝謝）